山东师范大学青年教师学术专著（人文社科类）出

《残疾人权利公约》
研 究

刘文静⊙著

知识产权出版社
全国百佳图书出版单位
—北京—

图书在版编目（CIP）数据

《残疾人权利公约》研究 / 刘文静著 . —北京：知识产权出版社，2020.10
ISBN 978-7-5130-7251-9

Ⅰ.①残… Ⅱ.①刘… Ⅲ.①残疾人—权利—国际条约—研究 Ⅳ.①D997.1

中国版本图书馆 CIP 数据核字（2020）第 201884 号

内容提要

2006 年 12 月，21 世纪第一部人权条约——《残疾人权利公约》（以下简称《公约》）在第 61 届联合国大会获得通过。作为联合国九大核心人权条约之一，《公约》完善了国际人权法体系，为推动残疾人权利的有效实现注入了新的动力。本书全面分析了《公约》的渊源、先进的立法理念、原则及完备的权利义务体系以及务实的实施机制和有效的监督机制，论证了《公约》为残疾人权利保障建构了较为完善的立法框架。作为拥有残疾人口最多的国家，我国不仅大力发展残疾人事业，为世界贡献了中国经验，而且在国际社会积极推动《公约》的出台。我国是首批签署《公约》的国家。2008 年 8 月，《公约》在我国正式实施。我国政府、立法部门、残疾人联合会及残疾人自组织以及新闻媒体等各方力量积极宣传《公约》、推动《公约》实施，取得了令人瞩目的成就。本书探讨了我国履行《公约》的状况，具体分析《公约》对我国残疾人权益保障相关的立法及政策制定的影响以及实施过程中面临的重要问题。根据《公约》确立的残疾人权利保障框架，作者提出了全面实施《公约》、完善我国残疾人权益保障制度的建议和意见。

责任编辑：彭小华	责任校对：谷　洋
封面设计：刘　伟	责任印制：孙婷婷

《残疾人权利公约》研究

刘文静　著

出版发行：知识产权出版社有限责任公司	网　　址：http://www.ipph.cn
社　　址：北京市海淀区气象路 50 号院	邮　　编：100081
责编电话：010-82000860 转 8115	责编邮箱：huapxh@sina.com
发行电话：010-82000860 转 8101/8102	发行传真：010-82000893/82005070/82000270
印　　刷：北京建宏印刷有限公司	经　　销：各大网上书店、新华书店及相关专业书店
开　　本：720mm×1000mm　1/16	印　　张：10
版　　次：2020 年 10 月第 1 版	印　　次：2020 年 10 月第 1 次印刷
字　　数：200 千字	定　　价：58.00 元
ISBN 978-7-5130-7251-9	

出版权专有　侵权必究
如有印装质量问题，本社负责调换。

目录
CONTENTS

绪　论 ………………………………………………………………… (001)

第1章　国际残疾人权利保障体系的形成与发展 …………………… (018)
 1.1　国际人权法对残疾人权利的确认和保护 ………………………… (020)
  1.1.1　萌芽：联合国关注残疾人的权利 ………………………… (020)
  1.1.2　发展：国际残疾人权利文书大规模出台 ………………… (020)
  1.1.3　完善：联合国核心人权条约体系的建立 ………………… (023)
 1.2　国际残疾人权利保障体系的新发展：《公约》出台 …………… (025)
  1.2.1　局限：原有国际残疾人人权保障体系的"瓶颈" ……… (025)
  1.2.2　博弈：残疾人权利国际条约的制定 …………………… (027)
  1.2.3　突破：《公约》生效 …………………………………… (029)

第2章　《公约》构建的残疾人权利保障制度 ……………………… (032)
 2.1　《公约》的核心理念：残疾的人权模式 ………………………… (033)
  2.1.1　残疾人权利保障理论：从人道主义到能力法 ………… (033)
  2.1.2　从残疾的传统模式到社会模式 ………………………… (035)
  2.1.3　不同残疾观念之下的国际残疾人保障立法 …………… (040)
  2.1.4　《公约》开创的残疾的人权模式 ……………………… (043)
 2.2　《公约》的核心内容：权利与义务框架 ………………………… (046)
  2.2.1　残疾人权利保障的一般原则 …………………………… (046)
  2.2.2　缔约国承担的一般义务 ………………………………… (054)
  2.2.3　残疾人的权利体系 ……………………………………… (055)
  2.2.4　缔约国承担的一般义务 ………………………………… (074)

第 3 章　继承与创新：《公约》确立的监督机制 (076)

3.1 《公约》确立的监督机制及其特点 (077)
3.1.1 对《公约》监督机制的设想 (077)
3.1.2 《公约》监督机制的特点 (079)

3.2 残疾人权利委员会的组成和职能 (080)
3.2.1 残疾人权利委员会的组织架构 (081)
3.2.2 残疾人权利委员会的监督职能 (083)

3.3 缔约国会议制度的监督职能 (088)
3.3.1 缔约国会议制度的确定 (088)
3.3.2 缔约国会议制度的实践 (090)

3.4 联合国其他专门机构和人员的监督职能 (092)
3.4.1 联合国其他专门机构 (092)
3.4.2 特别报告员 (092)

第 4 章　全面和有效：《公约》确立的实施机制 (094)

4.1 《公约》实施机制的确立和特点 (095)
4.1.1 对《公约》国内实施机制的探讨 (095)
4.1.2 对《公约》国际合作机制的探讨 (096)
4.1.3 《公约》实施机制的特点 (097)

4.2 《公约》确立的国家实施机制 (098)
4.2.1 政府内部的协调机制 (098)
4.2.2 设立独立机制 (100)
4.2.3 制定实施措施 (101)
4.2.4 全面的统计和数据收集 (106)

4.3 《公约》确立的国际合作机制 (107)
4.3.1 《公约》国际合作机制的内容和特点 (107)
4.3.2 《公约》国际合作机制的形式 (109)

第 5 章　《公约》与我国残疾人权益保障立法和实践 (112)

5.1 《公约》影响下的我国残疾人权益保障立法和残疾人权利实现状况 (114)
5.1.1 我国残疾人权益保障法律制度现状 (115)
5.1.2 我国残疾人权利实现状况 (118)

5.2 《公约》视角下的我国残疾人权益保障法律制度
  存在的问题 ………………………………………………（124）
 5.2.1 立法理念有待提高 ………………………………（125）
 5.2.2 权利义务体系有待完善 …………………………（126）
 5.2.3 实施机制有待加强 ………………………………（132）
5.3 我国残疾人权益保障法律制度的完善路径 ………………（133）
 5.3.1 从医学模式到人权模式 …………………………（134）
 5.3.2 从福利救济到权利保障 …………………………（136）
 5.3.3 从纸上权利到现实权利 …………………………（137）

结　语 ……………………………………………………………（140）
参考文献 …………………………………………………………（142）

绪 论

残疾人权利是国际人权体系的必要组成部分，也是各国发展人权事业应重点关注的内容。尽管联合国自成立时起，就着手推动世界范围内残疾人生存状况的改善，然而在重重阻碍之下，残疾人权利保障事业进展缓慢，成效甚微。到20世纪60年代，《国际人权宪章》《世界人权宣言》《公民权利和政治权利国际公约》以及《经济社会和文化权利国际公约》构建的人权框架开始不断推动全球人权事业的发展。在此框架下，残疾人权利保障问题逐渐被纳入国际人权体系之内。自20世纪70年代开始，联合国陆续通过了《智力迟钝者权利宣言》（以下简称《权利宣言》）、《残疾人权利宣言》、《关于残疾人的世界行动纲领》（以下简称《行动纲领》）和《残疾人机会均等标准规则》（以下简称《标准规则》），明确保护残疾人的平等权利，把残疾人问题与人权发展紧密结合起来。此外，联合国保护残疾人权利的行动与欧美等国家和地区的残疾人权利运动相得益彰，大大促进了残疾人权利理论和实践的发展，开启了世界范围内残疾人立法的新时代。2006年12月，新世纪第一部人权条约——《残疾人权利公约》（以下简称《公约》）在第61届联合国大会通过。作为联合国九大核心人权条约之一，《公约》完善了国际人权法体系，为推动残疾人权利的切实实现注入了新的动力。《公约》先进的立法理念、原则及完备的权利内容、务实的实施机制得到广泛肯定，为各国建立、完善其国内残疾人权利保障制度提供了极为有益的参考。目前《公约》已吸引超过150个成员方签署、批准。

中国的残疾人事业是我国社会主义事业的重要一环，也是世界残疾人事业的一部分。作为拥有全世界残疾人口最多的国家，中国为推动残疾人事业发展、促进残疾人社会融合、保障残疾人权利作出了巨大的努力。中国对残疾人人权的重视突出表现在对联合国启动《公约》进程以及对起草工作的大力支持方面。中国是首批签署《公约》的国家，并且没有提出任何保留。2008年8月《公约》在我国正式生效。这意味着我国残疾人权益保障制度要与《公约》的规定全面接轨，国家承担实施《公约》的一切义务，并接受国际监督。2010年，我国已经向残疾人权利委员会递交了首份履约报告。2011年，委员会对我国报告进行了审议，作出了结论性意见。2018年，我国又递交了第二次、第三次合并报告。我国实施《公约》的努力是有目共睹的，保障残疾人权益的决心是坚定的。实施《公约》既是我国全面促进人权发展的契机和推动力，也是我国积极融入国际人权机制，提升国际影响力的良好途径。

目前学界对《公约》的研究主要集中于探讨国内普遍关注的一些实体权利，对《公约》的立法理念、一般原则等理论问题关注不多。国际条约的生命力在于获得国内实施。《公约》在监督机制和实施机制方面都有创新性的规定，确立了较为完善的实施保障制度。但在此方面，鲜有研究成果。本书对《公约》的理念、原则和主要的权利内容进行分析，对《公约》的监督及实施机制进行探讨。本书以《公约》为标准，就我国残疾人权益保障法律制度及残疾人权利的实现状况，指出我们目前面临的问题和挑战，有针对性地提出完善相关法律制度的意见和建议。

本书涵盖绪论、正文和结语三个部分。绪论阐释了本书写作的背景、意义以及研究方法，详述国内外的研究现状。正文部分包括五章内容，首先论述了国际残疾人权利保障体系的形成与发展，阐述《公约》的出台背景和意义。其次对《公约》的核心理念、一般原则、缔约国一般义务及实体权利等内容进行分析。正文第三章探讨了《公约》的监督机制。第四章论述《公约》的实施机制。最后立足我国实践，根据《公约》的标准审查我国残疾人权利保障法律制度，指出存在的问题，提出解决的办法。具体内容如下。

第 1 章国际残疾人权利保障体系的形成和发展，介绍了残疾人权利被纳入国际人权法体系的过程。1.1 节以时间为序，分析主要的残疾人权利保护国际文书，从中可以看出国际社会对残疾人权利的认识是一个逐渐深化的过程。另外，分析联合国核心人权条约体系对残疾人权利的保护。1.2 节分析以往的国际人权法体系在保护残疾人权利方面的不足，主要是专门的残疾人权利保护国际文书是"软法"，缺乏法律约束力，而核心人权条约体系虽然是"硬法"，但对残疾人权利的保护力度非常有限。残疾人权利保护其实还处于国际人权法体系的边缘地带，他们是各国法律体系的"隐形"保护群体。因此制定一项新的专门的有约束的残疾人人权条约势在必行。本章为下文全面分析《公约》打下基础，并且引出这样的问题，新的《公约》如何弥补既往人权体系的不足从而真正改善残疾人的处境？新的《公约》以何种方式运作来确保其获得切实实施？

第 2 章是本书重点论述的内容之一，涉及《公约》的核心理念、一般原则、残疾人的权利和缔约国的义务等内容。《公约》在文本结构方面首次使用提要加内容的形式，特别考虑到精神和智力障碍残疾人的实际需求，而且有利于公众对《公约》内容的理解。《公约》创新性地规定了"一般原则"和缔约国的"一般义务"。八项"一般原则"贯穿于《公约》的全部内容，既是残疾人权利规定的组成部分，也是缔约国履行义务的准则。"一般义务"则概括列出各国为确保残疾人实现一切人权和基本自由，消除一切基于残疾的歧视而必须采取的措施。残疾的"人权模式"是《公约》的核心理念。本书阐述了残疾的不同模式的内涵及其对国际残疾人权利保障立法的影响，指出《公约》创立的人权模式是最先进的残疾人权益保障立法理念。在残疾人的实体权利方面，《公约》并未赋予残疾人新的人权，而是在"人权模式"的指导下，关注残疾人的特殊需求，要求缔约国采取积极措施以实现实质的平等。本章重点分析了几项残疾人的权利，其中大部分在《公约》制定过程中引起了争议。而《公约》的规定则体现了理论前瞻性和较强的实践指引性，值得我们深入研究并指导全面保障和实现残疾人人权的实践。

第 3 章探讨了《公约》的监督机制。《公约》制定时，适逢联合国启动人权条约机构改革的进程。《公约》的监督机制经过漫长的谈判和激烈的争议才得以确立。鉴于以往的人权条约不能有效保护残疾人人权的现实，新的《公约》试图在监督机制上实现创新。《公约》在继承原有人权条约监督机制主要内容的基础上，实现了一定的突破，表现在对缔约国报告制度采取了些许变革，使其更有灵活性，另外，扩大了缔约国会议的职能，使其承担审议《公约》实施的职能，将其纳入《公约》的监督机制之内。然而，国际人权法的性质及人权条约机构本身的局限性使得这种突破的程度也较为有限。本章从四个方面具体分析了《公约》的监督机制，包括制定过程中有关监督机制的争议、条约监督机构——残疾人权利委员会的监督职能、《公约》确立的缔约国会议制度的监督职能以及联合国其他专门机构和人员的监督职能等。

第 4 章分析了《公约》的实施机制，即确保《公约》规定的权利得以在缔约国最终实现的一系列保障措施。《公约》确立的实施机制包括国内实施和国际合作两个维度，这是国际人权法上的创举。《公约》首次规定了国家实施机制，包括建立协调中心、协调机制和独立机制。另外，《公约》将国际合作规定为缔约国的一项义务，再次彰显其作为一项人权公约同时也是一项发展文书的性质。在此部分，本书有针对性地加入国别实践，以资借鉴。

第 5 章立足我国对《公约》的实施状况，首先分析《公约》对我国残疾人权益保障法律制度和残疾人权利实现状况的影响。自 2008 年《公约》在我国生效之后，国家以积极的态度贯彻落实《公约》精神和要求，残疾人权利保障事业在我国获得了高速发展。2008 年 4 月，第十一届全国人民代表大会常务委员会（以下简称人大常委会）审议通过了修订后的《中华人民共和国残疾人保障法》（以下简称《残疾人保障法》），修订后的《残疾人保障法》采纳了《公约》的一些原则，例如，禁止基于残疾的歧视，进一步突出了"以残疾人权利为本"

的理念。① 其次，我国陆续制定和修订了《无障碍环境建设条例》《中华人民共和国精神卫生法》（以下简称《精神卫生法》）、《残疾预防与残疾人康复条例》《残疾人教育条例》等法律法规。在国家层面，发布了一系列促进残疾人权利发展的政策、方案。2009年4月，发布了首部以人权为主题的国家规划——《国家人权行动计划（2009－2010年）》，以及有关推进残疾人社会保障体系、特殊教育、就业等方面的各项政策，等等。再次，以《公约》为标准，分析我国残疾人权益保障法律制度面临的问题和挑战，包括在立法理念、权利体系、实施机制方面与《公约》规定存在的差距。最后，根据《公约》创设的残疾人权益保障法律框架，针对我国存在的问题，提出完善我国残疾人权益保障法律制度的设想和建议，真正实现残疾人的权利从"纸面"落实到"行动"。

结语部分是对本书的归纳和总结。《公约》不仅是一部人权条约，还是一项发展文书，是保障残疾人权利的法律工具，更是促进社会多方面变革和文化重建的推动力。以《公约》的实施促进社会各方面的变革是保障残疾人权利、发展社会主义残疾人事业的重要举措，也是承担大国责任、参与世界人权事业，提高国际话语权的重要途径。因此，遵照《公约》的规定，采纳先进的立法理念，建立完善的权利体系和确定有效的实施机制对当前残疾人权益保障事业和国家人权事业都有非常重要的意义。

在世界各地，残疾人都经历过被歧视和隔离的历史。残疾人不仅是庞大的福利救济群体也是失业率最高的群体。残疾人遭遇到建筑、交通、公共服务等多方面的障碍，他们不能有效参与社会经济政治活动。残疾儿童被安排进入特殊或隔离的学校，许多人从未接受过教育。他们不仅面临社会的迂腐定见、偏见还承受着污名化的伤害，遭受排斥。研究发现，社会对待残疾人的态度同对待其他少数群体的歧视一样广泛存在。② 用残疾人权利活动家Robert Burgdorf的话说，"这个社会对待残疾人的历史总结起来就两个词：隔离和不平等"。③ Jacobus tenBroek则指出，导致残疾人与主流社会隔离的原因主要是公众对待残疾人的错误态度和误解，而不是残疾人本身的身体限制。④ 随着人类文明进步，人权观念普及，残疾人这个"隐形"的群体，逐渐得到更多的关注。第一次和第二次世

---

① 丁相顺："《残疾人权利公约》与中国残疾人融合教育的发展——《残疾人教育条例》解读"，载《中国特殊教育》2017年第6期。

② Harlan Hahn, Towarda Politics of Disability: Definitions, Disciplines, and Policies, 4 Social Science Journal (1985) p. 93.

③ Jonathan C. Drimmer, Cripples, Overcomers, and Civil Rights: Tracing the Evolution of Federal Legislation and Social Policy for People with Disabilities, 40 UCLA L. Rev. 1341 (1992－1993), p. 1359.

④ Jacobus tenBroek, The Right to Live in the World: The Disabled in the Law of Tortst, 54 Cal. L. Rev. 841 (1966), p. 842.

界大战造成大量人员伤残,联合国成立之后,改善残疾人的处境,保护残疾人的人权成为其重要职责。20 世纪五六十年代,欧美国家兴起的残疾人权利运动,旨在为残疾人争取平等的权利和平等的身份。残疾人权利运动改变了人们对残疾和残疾人的固有看法,特别是提高了社会对残疾人权利的认知,推动了国际范围内残疾人立法、政策的变革。

联合国在保障残疾人权利的过程中,发挥着举足轻重的作用。1948 年,联合国大会通过了《世界人权宣言》,确认所有人有平等的不可剥夺的权利,这一观念广泛传播并深入人心。20 世纪 70 年代,《权利宣言》《残疾人权利宣言》相继出台。作为专门的残疾人权利国际法律文书,这两个文件明确把残疾人定位为权利的享有者而非慈善的救济对象。为继续推动残疾人权利的发展,联合国把 1981 年定为"国际残疾人年",次年 12 月通过的《行动纲领》又将残疾人权利保障向前推进一步。此后,联合国宣布 1983 年至 1992 年为"联合国残疾人十年"。联合国一系列的行动,大大改善了世界范围内残疾人的境况,对各国的残疾人立法、政策影响深远。1993 年 12 月,联合国大会通过了《标准规则》,用以指导国家为残疾人创造平等机会,指导残疾人和残疾人组织的活动以及国际相关技术和经济合作。[1]

20 世纪的后五十年迄今,是人权蓬勃发展的关键时期。以联合国九大核心人权条约[2]为主体,辅以其他人权文书,国际人权体系形成了复杂而庞大的网络。残疾人的人权当然受到其他人权公约的保护,但联合国相关文件显示,在《公约》出台前,尽管已有的国际人权机制保护残疾人在内的所有人,但缺乏有约束力的条约来重点保障他们的权利,残疾人仍然处于国际和国内法律体系的边缘。结果就是,残疾人在生活中继续面临着诸多障碍和各种歧视的挑战。[3]

历经五年的起草过程,在许多国家、残疾人群体、民间组织的积极推动下,承担彻底改变全世界残疾人不利境况的重任,给残疾人带来实现全面平等和融合

---

[1] "残疾与联合国的历史",见联合国网站,http://www.un.org/disabilities/default.asp?id=121,最后浏览日期 2020 年 1 月 20 日。

[2] 联合国九大核心人权公约,分别为《消除一切形式种族歧视国际公约》(1965 年 12 月 21 日通过)、《公民权利和政治权利国际公约》(1966 年 12 月 16 日通过)、《经济、社会、文化权利国际公约》(1966 年 12 月 16 日通过)、《消除对妇女一切形式歧视公约》(1979 年 12 月 18 日通过)、《禁止酷刑和其他残忍、不人道或有辱人格的待遇或处罚公约》(1984 年 12 月 10 日通过)、《儿童权利公约》(1989 年 12 月 20 日通过)、《保护所有移徙工人及其家庭成员权利国际公约》(1990 年 12 月 18 日通过)、《保护所有人免遭强迫失踪国际公约》(2006 年 12 月 20 日通过)、《公约》(2006 年 12 月 13 日通过),见联合国人权高级专员办事处(以下简称高专办)网站,http://www.ohchr.org/CH/Issues/Pages/CoreInstruments.aspx,最后浏览日期 2020 年 1 月 20 日。

[3] Backgrounder: Disability Treaty Closes a Gap in Protecting Human Rights, 见联合国网站, http://www.un.org/disabilities/default.asp?id=476, 最后浏览日期 2020 年 1 月 20 日。

的曙光的《公约》终于在2006年12月第61届联合国大会通过。公约甫一开放签署，即迎来八十多个签约国。作为第一部全面保护残疾人权利的国际法律文件，其实施不仅对六亿五千万残疾人意义重大，而且完善了联合国国际人权保障体系，以其先进的理念和合理的内容、原则，广获好评，给人权事业在全球范围内的发展带来了新的机遇。截至目前，《公约》已有181个国家和地区签署，有163个缔约国。①

自《公约》通过之后，联合国把推动《公约》实施提上日程。残疾人人权保障已成为联合国最为瞩目的人权问题之一。联合国在实现千年发展目标的进程中，把残疾人的生存和发展状况作为重要的监测标准，把实现残疾人发展目标作为重点努力的方向。在2015年之后的发展议程中，联合国倡议国际社会加紧努力，签署和实施《公约》，确保残疾人能够参与并被纳入各方面的发展工作，将残疾人的权利保护纳入主流发展议程。②

近20年来，中国积极融入并支持联合国保障残疾人人权的工作，特别是在《公约》这样一部专门保护残疾人权利的国际公约的倡议及制定过程中，中国发挥了举足轻重的作用。而且，在《公约》于联合国大会通过后，我国是首批签署国之一，没有提出任何保留。2008年6月，经全国人大常委会批准，《公约》于当年8月正式对我国生效。之后，残疾人权利保障事业在我国获得了一个发展高峰期。国家密集出台了许多维护残疾人权益的法律、政策，涉及残疾人切身相关的诸多重大事项。根据《公约》的精神和原则，我国修订了专门的残疾人法——《残疾人保障法》。其后通过了《无障碍环境建设条例》《精神卫生法》等相关法律法规。修订《残疾人教育条例》、制定《残疾预防和残疾人康复条例》等工作相继被提上日程并顺利完成。2008年3月，《中共中央国务院关于促进残疾人事业发展的意见》对残疾人事业发展作出总体部署。2009年4月，我国发布了首部以人权为主题的国家规划——《国家人权行动计划（2009-2010年）》，并于2011年7月对该计划召开了评估总结会议。《国家人权行动计划（2012-2015年）》《国家人权行动计划（2016-2020年）》在残疾人权益保障方面，继续把残疾人的生存权和发展权放在首位，健全扶残助残服务体系，保障民生，实现发展成果共享。2010年3月，国务院发布的《关于加快推进残疾人社会保障体系和服务体系建设的指导意见》，提出2015年基本建成残疾人社会保障及服务体系框架，使得残疾人在公共服务、生活、医疗和康复服务、教育及就业等方面都得到保障。2014年1月、2017年7月，国务院办公厅发布《特殊教育提升计划（2014-2016年）》和《第二期特殊教育提升计

---

① 联合国网站，http：//www.un.org/disabilities/，最后浏览日期2020年4月30日。
② 联合国秘书长的报告：为残疾人实现千年发展目标和其他国际商定的发展目标，A/66/128。

划（2017－2020年）》，全面推动融合教育发展，提升残疾人受教育水平。2015年8月，教育部发布了《特殊教育教师专业标准（试行）》，对特殊教育教师的专业理念以及专业能力和知识等作出了具体规定。另外，同年9月，国家财政部、税务总局以及中国残疾人联合会联合制定了《残疾人就业保障金征收使用管理办法》，加强对残疾人就业保障金的征收以及管理工作，提高残疾人就业的保障力度。2015年9月22日国务院又发布了全面建立困难残疾人生活补贴和重度残疾人护理补贴制度的意见（以下简称两项补贴制度）。两项补贴制度自2016年1月1日起在全国施行。这些举措对改善残疾人的处境，促进社会参与，实现切身权益都有积极的影响。

2010年，《公约》已在我国实施两年，我国向《公约》的监督机构——残疾人权利委员会递交了首份履约报告。2018年，我国又提交了第二和第三次合并报告。经过审议，残疾人权利委员会对第一份履约报告出具了结论性意见。委员会对我国把残疾人事业纳入社会经济发展战略的举措给予了高度赞扬，对我国残疾人的经济、社会和文化权利方面的进展表示肯定。我国对《公约》的实施，采取了积极的态度，持有很大的诚意和决心，采取了切实有效的措施。《公约》确立的残疾人人权保障法律框架，是各国维护残疾人权利的行动指南。在此背景下，对《公约》进行深入研究是完善我国残疾人权益保障法律制度，发展残疾人事业，实现残疾人人权必不可少的工作。本书对《公约》内容进行全面解析，特别是对《公约》的实施机制结合一些具体的实践案例进行分析，基于我国国情，力图为我国建立完善的残疾人权益保障法律体系提供有益的建议。

人权保障与社会发展是当今各国面临的重大课题，二者是相互促进的关系，发展以促进人权为己任，人权以发展为有力保障。残疾人权利是人权体系的重要内容。《公约》是国际残疾人权益保障体系的核心文件，是专门保护残疾人权利的有约束力的国际法律文书。《公约》包含了完整的三代人权的内容，是残疾人权利保护的发展宣言。《公约》弥补了以往国际人权法对残疾人权利保障的不足，完善了国际人权法体系。《公约》蕴含的人权理念和包容精神已超越了残疾领域的范畴，《公约》的实施可以作为建设包容社会、创建平等文化的重要推动力量。

第一，《公约》为各国发展残疾人事业，保障残疾人人权提供了法律框架和行动准则。《公约》是关于发展的公约，将残疾人权利保障与发展结合起来，推动残疾问题纳入国际社会发展的主流，从而真正改善世界范围内残疾人的状况。从这个意义上说，研究《公约》对包括我国在内的发展中国家具有现实意义。

第二，《公约》采纳了人权领域特别是残疾人领域的最新研究成果，包含了先进的残疾人人权理念和前沿理论，是进行残疾人权利研究不可回避的一项内容,也是促进残疾人权利相关研究继续深入的重要推动力。另外,《公约》强调残疾人社群本身的参与权利和自主权利,给了我们这样一种启发,那就是人权保障甚至可以突破自上而下的改革范式,而尝试从下而上建设人权文化,人权社区,从而推动整个社会人权事业的发展。这也要求我们不把《公约》仅仅看作是一个法律工具,而应从更细微的多学科的角度来考量其在社会变革和文化重建过程中的作用。

第三,我国与《公约》有很深的渊源。我国一贯重视残疾人事业的发展,将其作为社会主义建设事业的重要内容。经过几十年发展,我国残疾人事业取得了举世瞩目的成就,得到国际社会的广泛赞誉。我国的残疾人事业为广大发展中国家提供了可资借鉴的实践经验。残疾人人权事业是中国人权事业发展的亮点,也是提高我国参与国际人权事务,提高影响力的重要途径。在《公约》启动工作、谈判过程中,中国积极支持和参与,对《公约》顺利出台发挥了重要的作用。中国完整签署了《公约》,没有提出任何保留,也充分说明对实施《公约》的决心和信心,对参与国际人权保障事业的主动性和积极性。研究《公约》有助于我国有效推进《公约》的实施进程,在新的人权保障框架下继续发展残疾人事业,发挥引领作用。

第四,针对我国残疾人权益保障仍面临的一些挑战,以《公约》为标准,指出当前残疾人权益保障法律制度存在哪些不足,如何协调《公约》与国内法律体系的关系,如何基于当前国情最大限度地实现《公约》包含的权利,以及建立怎样的和怎样建立《公约》实施的整套机制都是我们亟须解决的问题。

残疾问题广泛涉及社会学、医学、人类学、法学等多个学科。本项研究从法学视角来分析涉及残疾问题的一部最重要的国际条约——《公约》,论证其作为专门的残疾人人权条约构建了完善的残疾人人权保障法律框架,对各国残疾人立法及残疾人人权事业发展具有极其重大的指导意义。此外,本书涉及我国的残疾人保障立法现状,指出只有全面落实《公约》的各项规定,建立完善的残疾人保障法治体系才能确保残疾人权利得以切实实现。

本书采用了历史分析的方法。人类对残疾问题的认识是一个渐进的过程,因此不论保障残疾人权利的国际人权法体系还是一国的残疾人立法都经历了演变、发展的历程。本书概述了残疾人人权保障国际法体系的发展脉络,而《公约》本身可以说是国际人权法发展的最新和最重要的成果。通过历史分析方法,我们可以更清晰认识残疾人立法的演变过程,更好地把握残疾人立法的发展方向。

本书运用了比较研究的方法。本书整体框架体现了比较研究的思路,前四章对《公约》整体法律框架进行详尽分析,最后一章探讨我国的残疾人立法体系,通过比较研究,指出我国残疾人立法仍存在的一些重大问题。此外,本书在阐述

《公约》理念和权利内容方面，也大量运用比较研究方法，以论证《公约》的立法理念——残疾人保障的人权模式的先进性。

本书兼采规范分析与实证分析的研究方法。本书论证以社会发展为背景，以人权保障为主线，对国际人权法律文件和我国现行相关的残疾人保障立法进行规范分析，同时对典型国家实施《公约》的先进案例及我国的具体实践进行实证分析。本书梳理了自联合国成立以来，国际人权法领域涉及残疾人权利的法律文书，论述其在理念和主要内容等方面的特点。本书还对我国的残疾人保障相关立法进行了分析，以把握我国残疾人立法概况，了解残疾人的权利保障现状，以明了我国现行立法存在的不足及改进方向。实证研究方法对探讨国际人权条约的监督和实施工作是必不可少的。通过实证分析，把握世界范围内《公约》实施的大致情况，掌握《公约》实施的优秀实践经验，着眼于我国具体实践，提出可行性建议，以促进我国残疾人权利保障法律的完善。

自《公约》通过以来，国外学界对《公约》的研究视角非常广泛，从《公约》的立法理念、原则、权利义务内容、国际监督机制到具体的实施措施，都有相关研究。这些研究积极促进了《公约》的传播和影响，有力推动了残疾人权利及立法理论的发展。

以《公约》作为研究对象的外文著作包括 2009 年由 Oddny Mjöll Arnardóttir 与 Gerald Quinn 主编出版的 The United Nations Convention on the Rights of Persons with Disabilities: European and Scandinavian Perspectives[①]。此书分为三个部分，第一部分四篇文章主要论述《公约》在保障残疾人权利方面的发展，指出"残疾"是人权问题而不是传统的社会政策方面的问题。第二部分的四篇文章侧重分析《公约》之下欧洲的残疾人权利保护制度面临的问题和发展趋势。第三部分探讨《公约》的实施情况，既有对国家实施机制具体内容的探讨也有对斯堪的纳维亚半岛国家实施《公约》情况的分析和总结。2014 年，Charles O'Mahony 和 Gerard Quinn 教授汇编了 The United Nations Convention on the Rights of Persons with Disabilities: Comparative, Regional and Thematic Perspectives[②]一书。该书囊括了多位国际知名残疾人法专家的研究成果，内容涉及残疾权利保护的社会模式

[①] Oddny Mjöll Arnardóttir, Gerald Quinn, The United Nations Convention on the Rights of Persons with Disabilities: European and Scandinavian Perspectives, Netherland: Martinus Nijhoff Publishers, 2009.

[②] Charles O'Mahony, Gerard Quinn, The United Nations Convention on the Rights of Persons with Disabilities: Comparative, Regional and Thematic Perspectives, Intersentia Ltd, 2014. 该书已由国内学者翻译出版（《〈残疾人权利公约〉研究：海外视角（2014）》，陈博，等译，人民出版社 2015 年版，该书在英文版基础上增加了一篇原创文章）。

与残疾人有关的立法发展[1]，评介[2]《公约》的重要规定，如第 12 条"获得平等法律保护"[3]，以及《公约》在国内立法中的转换问题[4]。Eilionóir Flynn 博士 2011 年出版了 From Rhetoric to Action：Implementing the UN Convention on the Rights of Persons with Disabilities.[5] 该书从《公约》对国际人权条约监督机制的发展以及《公约》实施机制对国内实践的指导等方面进行了深入分析，总结了国际人权条约监督机制的历史演变，指出原有监督机制的缺陷，重点分析了《公约》在监督和实施机制方面的创新之处。作者提出有效实施《公约》，实现从"修辞到行动"，各国应注意八个核心方面，包括提高民间社会的参与，增强残疾人及其组织的能力，建立完善的国内监测机制，确保残疾问题主流化，等等。此外，该书还探讨了瑞典、英国、爱尔兰等欧洲国家，以及新西兰、澳大利亚等国家的残疾人立法和政策现状，为其他国家实施《公约》提供有益借鉴。此外，2013 年由 Gautier de Beco 博士主编，专门研究《公约》第 33 条实施条文的 Article 33 of the UN Convention on the Rights of Persons with Disabilities：Structures for the Implementation and Monitoring of the Convention 一书，探讨了《公约》第 33 条国家实施机制的内容。该书不仅全面解读《公约》对实施机制的规定，如建立协调机制、独立的国家监测机制，而且着重分析了欧洲 6 个国家英国、丹麦、意大利、奥地利、西班牙、斯洛文尼亚等国家具体实施《公约》第 33 条的做法。该书论述了《公约》第 33 条要求在政府部门指定协调中心并充

---

[1] Rannveig Traustadóttir, Disability Studies, the Social Model and Legal Developments. 文章来源于 O. M. Arnardóttir 和 G. Quinn, The United Nations Convention on the Rights of Persons with Disabilities：European and Scandinavian Perspectives 一书。文章从个体经验、政治活动以及学术角度探讨了社会模式的产生基础，以及该模式对残疾人立法，包括对《公约》和世界范围内残疾人法律发展的影响。

[2] Phillip French Out of Darkness into Light —Introducing the Convention on the Rights of Persons with Disabilities, 8 Hum. Rts. L. Rev. 1 (2008). 文章回顾了《公约》出台前 25 年国际人权法的历程，分析了残疾观念的演变和发展，详细阐述了《公约》的出台过程以及重大的意义，认为《公约》肩负了让残疾人从"黑暗走向黎明"的历史重任。

[3] Amita Dhanda, Legal Capacity in the Disability Rights Convention：Stranglehold of the Past or Lodestar for the Future? 34 Syracuse J. Int'l L. & Com. 429 (2007) 文章特别考察了有关第 12 条"残疾人有平等法律能力"规定的出台过程，论述了谈判中各国对该规定的争议，指出该条前瞻性的规定对于切实实现残疾人的人权和贯彻平等与不歧视的原则至关重要。

[4] Janet E. Lord, Michael Ashley Stein, The Domestic Incorporation of Human Rights Law and the United Nations Convention on the Rights of Persons with Disabilities, 83 Wash. L. Rev. 449 (2008). 文章指出缔约国有义务根据《公约》的规定改革国内法律体系，包括在立法方面修订宪法及其他法律，在司法领域适用《公约》以及在解释相关法律方面严格遵守《公约》的规定和原则。文章认为《公约》设定的义务不仅体现在法律领域，还根植于社会之中，应当从更广泛的角度来推广《公约》的理念，加强倡导活动，实现社会良性变革和发展。

[5] Eilionóir Flynn, From Rhetoric to Action：Implementing the UN Convention on the Rights of Persons with Disabilities, Cambridge：Cambridge University Press, 2011.

分发挥其作用的重要性，另外，结合上述这些国家的具体个案，提出实施《公约》第33条的有价值的、具有可行性的建议。①

国外学者对《公约》整体内容的评介文章较多，主要包括：Michael Ashley Stein, A Quick Overview of the United Nations Convention on the Rights of Persons with Disabilitie;② Amita Dhanda, Constructing A New Human Rights Lexicon: Convention On The Rights Of Persons With Disabilities;③ Gerald Quinn, A Short Guide to The United Nations Convention on The Rights of Persons with Disabilities;④ Michael Waterstone, The Significance of the UN Convention on the Rights of Persons with Disabilities 等.⑤ 上述文章大都回顾《公约》的制定过程，对《公约》的基本原则和主要权利内容予以分析，强调《公约》对保障残疾人权利的重要意义。另外，Anna Lawson 所写 The United Nations Convention on The Rights of Persons with Disabilities: New Era or False Dawn?⑥ 以及 Arlene S. Kanter 的 The Promise And Challenge Of The United Nations Convention On The Rights Of Persons With Disabilities⑦ 一文，还专门分析了《公约》实施可能遇到的困难与挑战，倡议各国尽快签署和批准《公约》以及进行各方面改革以推动《公约》的实施。Frederic Megret 的文章 The Disabilities Convention: Human Rights of Persons with Disabilities or Disability Rights?⑧ 则从《公约》的主要权利内容入手，指出残疾人享有的特别权利不容忽视，还分析了《公约》在保障残疾人人权方面对传统国际人权体系的突破，也对未来国际人权法的发展有指导意义，该文还指出《公约》的一个重要特点即是对国家责任的详尽规定。

---

① Gautier de Beco (ed.), Article 33 of the UN Convention on the Rights of Persons with Disabilities: Structures for the Implementation and Monitoring of the Convention, Netherland: Martinus NIJHOFF Publishers, 2013.

② Michael Ashley Stein, A Quick Overview of the United Nations Convention on the Rights of Persons with Disabilities, 31 Mental & Physical Disability L. Rep. 679. (2007).

③ Amita Dhanda, Constructing A New Human Rights Lexicon: Convention On The Rights Of Persons With Disabilities, 8 SUR – Int'l J. Hum Rts. 43 (2008).

④ Gerald Quinn, A Short Guide to The United Nations Convention on The Rights of Persons with Disabilities, 1 Eur. Y. B. Disability L. 89 (2009).

⑤ Michael Waterstone, The Significance of the UN Convention on the Rights of Persons with Disabilities, 33 Loy. L. A. Int'l & Comp. L. Rev. 1 (2010–2011).

⑥ Anna Lawson, The United Nations Convention on The Rights of Persons with Disabilities: New Era or False Dawn?, 34 Syracuse J. Int'l L. & Com. 563 (2006–2007).

⑦ Arlene S. Kanter, The Promise And Challenge Of The United Nations Convention On The Rights Of Persons With Disabilities, 34 Syracuse J. Int'l L. & Com. 287 (2006–2007).

⑧ Frederic Megret, The Disabilities Convention: Human Rights of Persons with Disabilities or Disability Rights? 30 Hum. Rts. Q. 494 (2008).

《公约》赋予残疾人全面的完整的人权，对于具体的权利内容，许多学者进行了深入研究。例如，关于《公约》第 10 条规定的生命权，Bret Shaffer 在 The Right To Life, The Convention On The Rights Of Persons With Disabilities, and Abortion[①] 的文章中针对残疾人的生命权利更易受到侵害的状况，指出《公约》对许多国家保护残疾人生命权具有指导意义，文章特别澄清了对《公约》关于"流产"的误解，指出对有缺陷胎儿的流产违背《公约》的规定。关于《公约》第 24 条受教育权利的规定，Richard Rieser 在 Implementing Inclusive Education—A Commonwealth Guide to Implementing Article 24 of the UN Convention on the Rights of People with Disabilities[②] 的研究报告中，不仅详细探讨了《公约》第 24 条关于残疾人受教育权利的具体规定，特别是融合教育的方式，而且对残疾的不同模式与残疾人受教育方式的关系进行了分析。该报告还纳入了许多国家和地区优秀的教育实践案例。关于《公约》第 25 条健康权的规定，Penny Weller 在其 Right to Health —The Convention on the Rights of Persons with Disabilities [③]的文章中对《公约》关于残疾人健康权的规定进行分析，指出获得平等的健康权不仅需要给残疾人提供平等的医疗服务，还应采取特别的平权措施。值得提出的是，国内法学界很少有人关注《公约》第 30 条关于残疾人的休闲娱乐和体育权利的规定，国外学者已早有深入的探讨。[④]

有关《公约》规定的监督机制和国家事实机制的研究除前文提及的专著中的相关内容，还有 Michael Ashley Stein 与 Janet E. Lord 的 Monitoring the Convention on the Rights of Persons with Disabilities：Innovations, Lost Opportunities, and Future Potential.[⑤] 文章不仅阐述了《公约》有关监督机制条款的谈判过程，还分析了《公约》在监督机制方面的创新之举，而且指出如果充分采纳各方专家的意见，《公约》的监督机制原本可以更完善，期待之后的人权条约监督机制予以借鉴。近年来，关于《公约》在不同地区的实施状况的研究成果层出不穷，仅简要予以陈述。如 Tobias Pieter van Reenen 与 HelIne Combrinck 的文章 The UN

---

① Bret Shaffer, The Right To Life, The Convention On The Rights Of Persons With Disabilities, And Bortion, 28 Penn St. Int'l L. Rev. 265 (2009 – 2010).

② Richard Rieser, Implementing Inclusive Education: A Commonwealth Guide to Implementing Article 24 of the UN Convention on the Rights of People with Disabilities, Commonwealth Secretariat 2008.

③ Penny Weller, Right to Health —The Convention on the Rights of Persons with Disabilities, 35 Alternative L. J. 66 (2010).

④ 如 Janet E. Lord, Michael Ashley Stein, Social Rights And The Relational Value From The Rights To Participate In Sport, Recreation, And Play, B. U. Int'l L. J. 249 (2009).

⑤ Michael Ashley Stein, Janet E. Lord 的 Monitoring the Convention on the Rights of Persons with Disabilities：Innovations, Lost Opportunities, and Future Potential, 32 Human Rights Quarterly 689 (2010).

Convention On The Rights Of Persons With Disabilities In Africa: Progress After 5 Years,[①] 以及 Oyaro, Louis O. 所著 Africa at Crossroads: The United Nations Convention on the Rights of Persons with Disabilities[②] 一文都系统阐述了《公约》在非洲的实施状况, 提及非洲联盟督促各国签署和批准公约的状况。

另外, 联合国专门机构, 如联合国经济及社会理事会（以下简称经社理事会）[③]、联合国人权高专办以及残疾问题特别报告员等在指导《公约》实施方面做了大量、重要的工作。以人权高专办出版的多项专题研究为代表,《关于残疾人受教育权的专题研究》《关于残疾人工作和就业问题的专题研究》《关于残疾人参与政治和公共生活的专题研究》《关于促进对〈残疾人权利公约〉的认识和了解的专题研究》《关于实施和监测〈残疾人权利公约〉国家机制的结构和作用的专题研究》等, 这些专题研究涉及《公约》的重要内容, 被视为解读《公约》的"官方指南", 对指导缔约国实施《公约》和促进相关领域的研究都有非常重要的意义。有关的国际残疾人组织, 如精神残疾倡导中心（Mental Disability Advocacy Center）也针对国家实施机制进行了相关研究。[④]

国外一些高等院校专门设立研究残疾人法律政策的机构, 如爱尔兰国立大学（高威）的残疾法律与政策中心,[⑤] 哈佛大学法学院的残疾事业发展项目[⑥]等, 除推进关于《公约》的相关研究外, 这些机构还致力于开展《公约》倡导活动。此外, 联合国教科文组织、世界银行和世界卫生组织发布的有关全球残疾报告、残疾青年报告、教育及就业方面的报告为研究《公约》和推动残疾人人权发展提供了翔实的资料和数据。许多民间组织特别是国际残疾人组织, 如融合国际（Inclusion International）、残疾人国际（Disabled People's International）、国际助残（Handicap International）也积极推动《公约》的宣传和实施, 借向联合国提

---

① The UN Convention On The Rights Of Persons With Disabilities In Africa: Progress After 5 Years, 14 SUR – Int'l J. Hum Rts. 133 (2011).

② Oyaro, Louis O. Africa at Crossroads: The United Nations Convention on the Rights of Persons with Disabilities, 2A. U. Int' l L. Rev, 347 (2015)

③ 如经社理事会发布了关于《公约》与发展的指南, UN Convention on the Rights of Persons with Disabilities: A Call for Action on Poverty, Discrimination and Lack of Access (2008).

④ Building the Architecture for Change: Guidelines on Article 33 of the UN Convention on the Rights of Persons with Disabilities, available at, http://mdac.info/sites/mdac.info/files/Article_33_EN.pdf.

⑤ 爱尔兰国立大学（高威）残疾法律与政策中心承担许多国际和欧洲研究项目, 例如, 参与欧洲残疾年鉴的编写工作, 另外与爱尔兰国内残疾组织和研究机构密切合作进行相关研究, 现任研究中心主任是 Gerard Quinn 教授, 更多信息见, http://www.nuigalway.ie/cdlp/.

⑥ 哈佛大学残疾事业发展项目进行《公约》研究和推介工作, 支持残疾人组织能力建设, 促进残疾法律和政策的发展, 项目主席是 WilliamP. Alford 教授, 执行主任是 Michael. A. Stein 教授, 更多信息见, http://www.hpod.org.

交影子报告等形式,监测、促进缔约国更好地实施《公约》。

　　长期以来,国内学界对残疾人权利的关注并不多,从人权视角深入分析残疾问题的学术成果更是寥寥无几。即使在国际人权法研究方面,我国学界与国际社会兴起的残疾人权利研究热潮和把残疾人权利纳入国际人权法体系的运动也出现了脱节。突出表现在相关的研究成果未专门涉及残疾人人权的内容。[①] 在《公约》出台特别是在我国生效之后,大大提高了学界对残疾人权益保障法律问题的重视。根据科研需要,高等院校如中国人民大学设立了专门的残疾人事业发展研究院[②],还成立了残疾人权益保障法律服务与研究中心。[③] 此外,国内科研机构、高等院校积极拓展同国际组织、国外科研机构的合作,推动《公约》研究工作的进展。[④]

　　国内学者对《公约》实体规定的研究主题相对集中,一是概括分析《公约》的出台及主要内容,二是对《公约》规定的具体实体权利及在我国的实践予以阐释。前者如黎建飞《〈残疾人权利公约〉的背景回顾与再解读》[⑤]、李敬等《〈残疾人权利公约〉:诞生、解读及中国贡献》[⑥]、赵明霞等《〈残疾人权利公约〉框架下我国残疾人权利的保护》[⑦] 等分析《公约》出台的社会背景、框架内容。后者如张爱宁《国际法对残疾人的保护——兼评联合国〈残疾人权利公约〉》[⑧],曲相霏《〈残疾人权利公约〉与中国的残疾模式转换》[⑨] 及《〈残疾人

---

① 如研究国际人权法的专著,《国际人权法》(徐显明主编,法律出版社2004年版)、《国际人权法专论》(张爱宁,法律出版社2006年版)。

② 中国人民大学残疾人事业研究院是中国人民大学与中国残疾人联合会于2007年设立的全国首家残疾人事业发展研究院,是一个跨学科、开放型的研究机构。现任院长为郑功成教授。更多信息见,http://cdi.ruc.edu.cn。

③ 中国人民大学残疾人权益保障法律服务与研究中心是中国人民大学于2011年成立的全国首家提供残疾人权益法律咨询和服务的研究机构。中心现任主任是黎建飞教授。更多信息见,http://dpls.ruc.edu.cn。

④ 如中国人民大学法学院、中残联维权部、哈佛大学法学院主办的"残疾人权益保障法律机制国际研讨会"于2007年1月召开,会议成果以《残疾人法律保障机制研究》结集出版(华夏出版社2008年版)。2010年三家机构再次组织召开了第二届"残疾人权益保障国际研讨会"。2011年第三届残疾人权益保障国际研讨会由中国人民大学法学院、哈佛大学法学院残疾人项目、救助儿童会联合举办。2014年中国人民大学法学院又与耶鲁大学共同举办了"中美残疾人法国际研讨会"。

⑤ 黎建飞:"《残疾人权利公约》的背景回顾与再解读",载《人权》2018年第3期。

⑥ 李敬、亓彩云:"《残疾人权利公约》:诞生、解读及中国贡献",载《残疾人研究》2019年第3期。

⑦ 赵明霞、张晓玲:"《残疾人权利公约》框架下我国残疾人权利的保护",载《人权》2018年第1期。

⑧ 张爱宁:"国际法对残疾人的保护——兼评联合国《残疾人权利公约》",载《政法论坛》2010年第4期。

⑨ 曲相霏:"《残疾人权利公约》与中国的残疾模式转换",载《学习与探索》2013年第11期。

权利公约〉与残疾人权利保障》①以及谷盛开《〈残疾人权利公约〉与残疾人保障的"中国经验"》②、刘佳佳《"独立生活和融入社区"之我见——多视角解读联合国〈残疾人权利公约〉第十九条》③、丁相顺《〈残疾人权利公约〉与中国残疾人融合教育的发展——〈残疾人教育条例〉解读》④、刘文静《〈残疾人权利公约〉视角下的中国残障人权益保障：理念变迁与制度创新》⑤等。这些研究成果聚焦社会对残疾的观念模式转变、《公约》规定的独立生活和融入社会的权利、残疾人的受教育权等内容。值得指出的是，近年来，题目包含《公约》以及正文内容涵盖《公约》的博士论文和硕士论文逐渐增多。博士论文，如杨俐的《残疾人权利研究》⑥、余向东的《残疾人社会保障法律制度研究》⑦、朱恒顺《我国残疾人权利保障的理念更新与制度重构》⑧均对《公约》进行了一定分析和论述。硕士论文如边翠萍的《残疾人权利的法律保护——以〈残疾人权利公约〉为切入点》⑨，张可人的《〈残疾人权利公约〉监督机制研究》⑩、何艳霞的《论〈残疾人权利公约〉与我国残疾人权益保障法制的完善》⑪等对《公约》进行了较为详尽的分析。这些研究成果从不同角度对《公约》进行了解读，针对《公约》具体内容在我国的适用作出了有益探讨。需要指出的是，虽然专门着眼《公约》的研究成果不甚丰富，但2008年以后，每年发表的与残疾人权利相关的法学研究论文数量有所增加。在中国知网（CNKI）以"残疾人权利"为主题搜索到的法学论文达到400余篇。另外，一些专著也涉及残疾人的权利内容，如王利明等编《残疾人法律保障机制研究》⑫、王治江著《反残疾人就业歧视法律制

---

① 曲相霏"《残疾人权利公约》与残疾人权利保障"，载《法学》2013年第8期。
② 谷盛开："《残疾人权利公约》与残疾人保障的'中国经验'"，载《人权》2017年第2期。
③ 刘佳佳："'独立生活和融入社区'之我见——多视角解读联合国〈残疾人权利公约〉第十九条"，载《人权》2014年第1期。
④ 丁相顺："《残疾人权利公约》与中国残疾人融合教育的发展——《残疾人教育条例》解读"，载《中国特殊教育》2017年第6期。
⑤ 刘文静："《残疾人权利公约》视角下的中国残障人权益保障：理念变迁与制度创新"，载《人权》2015年第2期。
⑥ 杨俐：《残疾人权利研究》，吉林大学2009年博士论文.
⑦ 余向东：《残疾人社会保障法律制度研究》，安徽大学2011年博士论文.
⑧ 朱恒顺：《我国残疾人权利保障的理念更新与制度重构》，山东大学2006年博士论文.
⑨ 边翠萍：《残疾人权利的法律保护——以〈残疾人权利公约〉为切入点》，外交学院2008年硕士论文.
⑩ 张可人：《〈残疾人权利公约〉监督机制研究》，湖南师范大学2009年硕士论文。
⑪ 何艳霞：《论〈残疾人权利公约〉与我国残疾人权益保障法制的完善》，湖南师范大学2009年硕士论文.
⑫ 王利明等编：《残疾人法律保障机制研究》，华夏出版社2008年版。

度研究》[1]、傅志军著《残疾人权利保障法律制度研究》[2] 等。2016 年 5 月，国内第一本残疾人法教材——《残障人法教程》[3] 出版，在残疾人权利研究领域具有开拓性的意义，也是法学界研究残疾人立法、推动残疾人权利保障的一个里程碑。但总体而言，国内相关研究并没有对《公约》进行系统性的研究，没有充分关注当下国际社会对《公约》的研究动态，也未全面利用国际社会丰富的研究成果。在对《公约》立法理念的介绍方面，没有深入论证人权模式的内涵与创新之处以及对残疾人立法的深远影响，在实体权利研究方面，基本集中于传统的就业权、受教育权等方面，忽视了对诸如残疾人法律能力、行动权及婚姻和生育权利等前沿问题的探讨。

人权条约的监督机制主要指联合国人权条约机构对缔约国实施条约的工作进行监督，体现联合国作为国际人权立法机构的权威和隐含的制裁权力，而实施机制则以缔约国履约义务为基础，将条约内容付诸实践而采取的一系列措施。[4] 就国际条约的监督机制与实施机制，学界并没有严格的区分，一般是混淆使用的。有的把条约机构的监督机制等同于实施机制，如谭世贵编《国际人权公约与中国法制建设》[5]、徐显明主编的《国际人权法》[6] 等，均把人权条约的实施分为联合国的实施和缔约国的实施。朱晓青的《〈公民权利和政治权利国际公约〉的实施机制》[7]、陆以全的《论国际人权保护实施机制的完善》[8]、曾令良的《联合国人权条约实施机制：现状、问题和加强》[9] 等，涉及条约实施的内容也有同样的用法。专门研究人权条约监督机制的成果也有不少，如张爱宁的《国际人权保护实施监督机制的新动向》[10]、彭锡华的《国际人权条约实施的国际监督制度》[11]、曹胜辉等的《条约监督机制与条约义务的履行》[12] 等。值得注意的是程晓霞的《国际人权条约缔约国义务与实施机制》论述了国际人权条约监督机制与实施机制的不同，认为应当区别认识。

---

[1] 王治江：《反残疾人就业歧视法律制度研究》，华夏出版社 2014 年版。
[2] 傅志军：《残疾人权利保障法律制度研究》，华夏出版社 2014 年版。
[3] 黎建飞主编：《残障人法教程》，中国人民大学出版社 2016 年版。
[4] 程晓霞："国际人权条约缔约国义务与实施机制"，载《法学家》2001 年第 3 期。
[5] 谭世贵主编：《国际人权公约与中国法制建设》，武汉大学出版社 2007 年版。
[6] 徐显明主编：《国际人权法》，法律出版社 2004 年版。
[7] 朱晓青："《公民权利和政治权利国际公约》的实施机制"，载《法学研究》2000 年第 2 期。
[8] 陆以全："论国际人权保护实施机制的完善"，载《云南大学学报》（法学版）2004 年第 5 期。
[9] 曾令良："联合国人权条约实施机制：现状、问题和加强"，载《江汉论坛》2014 年第 7 期。
[10] 张爱宁："国际人权保护实施监督机制的新动向"，载《法学》2010 年第 1 期。
[11] 彭锡华："国际人权条约实施的国际监督制度"，载《西南民族学院学报》（哲学社会科学版）2001 年第 10 期。
[12] 曹胜辉、徐杰："条约监督机制与条约义务的履行"，载《外交学院学报》2000 年第 2 期。

就《公约》的程序性规定,即监督机制和实施机制而言,其创新举措得到国际社会的普遍好评。在监督机制方面,《公约》除发展了传统的条约机构监督职能外,还充分发挥缔约国会议以及联合国其他专门机构的监督作用。在实施机制方面,《公约》是首项明确规定国家实施机制的人权条约。这些创举都能有效保障《公约》在国内得以落实。硕士论文《〈残疾人权利公约〉监督机制研究》是涉及《公约》监督机制的专题研究,但该论文没有对《公约》监督机制的全部内容进行分析。《公约》国家实施机制研究只有李敬等的文章《〈残疾人权利公约〉国家实施和监测机制初探》[①],对《公约》第33条关于国内实施的规定进行解析并针对我国的实施情况提出了建议。学界对《公约》的监督机制和实施机制的研究仍然较为薄弱,尤其缺乏对我国建立《公约》要求的国家实施机制的探讨。

毋庸置疑,上述所列的研究成果都为本书写作提供了宝贵的参考,在研究思路、研究方法、研究内容方面都给笔者带来许多有益的启发。残疾人权利保障是跨学科的大课题,涉及人类学、社会学、哲学、法学、医学等多学科的知识。笔者以《公约》这项国际人权条约为研究对象,从法学角度解构残疾人权利保障的相关内容,受专业领域的限制,未能从多学科视角进行更为深入的探讨。此外,对一项人权条约予以研究,不可避免关注文本规范的分析,而条约实施效果的论证又不可避免受到数据信息不全面的限制。成书之际,仍有诸多缺憾。作者期望通过深化理论学习,加强实证研究,在未来完善该项成果。笔者籍此书抛砖引玉,希望有更多学界同仁关注残疾人权利和《公约》研究,推出更多高质量的研究成果,促进《公约》在我国有效实施,使残疾人保障制度不断得到完善,让残疾人能够平等地、充分地、切实地享有和实现各项权利。

---

① 李敬、高媛:"《残疾人权利公约》国家实施和监测机制初探",载《国际法研究》2014年第4期。

第1章　国际残疾人权利保障体系的形成与发展

残疾人权利是一项普遍人权，这一论断得到国际社会及学界的普遍认同。残疾人权利长期被漠视，残疾人平等机遇长期被剥夺，残疾人弱势状况长期且持续存在，这些事实也得到人们的普遍承认。2006年12月联合国通过了旨在保障残疾人人权实现、改变残疾人不利处境的《公约》。《公约》确认过去几十年间国际社会对残疾人人权的尊重和承认，重申残疾人固有尊严与固有权利的不可侵犯，力图通过此项全面、综合的国际公约帮助各国不断改善残疾人境况，提高其平等参与各项社会生活的机会。①

根据世界卫生组织和世界银行最新发布的报告显示，全球有超过10亿残疾人，约占总人口的15%，这些人群的2%~4%有严重的功能障碍。② 现代社会的人口老龄化问题以及高发的工伤、交通事故导致残疾人口总体呈上涨的趋势。在西方一些发达国家，有超过2/3的残疾人是超过65岁的老年人。而联合国发布的报告指出，到21世纪中叶，全世界60岁以上的老年人口将超过20亿。③ 另据统计，全世界年均工伤事故达10万起以上，导致超过2000万人口伤残，超过一场大规模的世界性战争造成的伤亡人数。④ 频发的交通事故则在每5分钟夺走一条生命，每1分钟造成一人伤残。⑤

大量调查显示，在发展中国家，残疾人相较健全人，受教育程度往往更低，失业率更高，他们生活质量差，贫困率高。在一些发展中国家，残疾儿童的入学

---

① 参见《公约》序言第25款。
② World Health Organization and World Bank, World Report on Disability（2011）, available at http：//www.who.int/disabilities/world_report/2011/report/en/，另可参见联合国关于2014年12月3日国际残疾人日的报道，http：//www.un.org/en/development/desa/news/social/idpd2014.html。
③ "老龄化加速：中国成世界老年人口最多国家"，http：//news.mydrivers.com/1/439/439579.htm，最后浏览日期2020年7月30日。
④ 关怀："认真贯彻《工伤保险条例》切实保障职工合法权益"，载《河南省政法管理干部学院学报》2004年第2期。
⑤ "中国每年交通事故死亡人数超10万人居世界第一"，http：//www.chinanews.com/news/2005/2005-04-08/26/560338.shtml，最后浏览日期2020年7月30日。

率介于 1%～5%。① 一些国家的残疾人失业率甚至高达 80%。② 世界上最贫困的人口有 20% 存在某种程度的残疾③。即使在发达国家,残疾人也往往面临"边缘化"的处境。如在美国,残疾人面临许多经济社会方面的问题,更易陷入贫困。④ 发展中国家残疾人的贫困广度、深度、强度都高于健全人。⑤ 社会对残疾人的定见和偏见仍然广泛存在,阻碍残疾人融入社区,他们的家人往往出于尴尬或耻辱的心理把残疾人藏在家里,限制他们与社会的交往。⑥ 许多家庭过度保护残疾成员,降低了他们的独立性,导致自尊度降低,身份意识减弱。这种态度也会阻碍残疾人充分发挥潜力。残疾青年独立生活的比率大大低于平均水平。⑦ 一些残疾人在家庭中更容易遭受虐待。⑧ 还有许多残疾人由于各种原因被家人长期遗弃在收容机构。⑨ 残疾人家庭及残疾人缺乏相关资源和服务的信息和知识,例如,一些残疾人家庭亟须生活和康复方面的资源,而政府缺乏扶助措施或提供的支持有限。社会上无障碍设施不完备,残疾人难以出行、参与社会。残疾人在教育、就业方面都面临着重重障碍。社会缺乏尊重残疾人权利的意识,歧视、偏见普遍存在。把残疾单纯视为个人或家庭的问题,把残疾污名化,给残疾人贴上"无能、无力、无助"的标签,加剧了残疾人的不利处境。⑩

---

① Susan J. Peters, Inclusive Education: An EFA Strategy for All Children, World Bank, November 2004, available at, http://siteresources.worldbank.org/EDUCATION/Resources/278200 - 1099079877269/547664 - 1099079993288/InclusiveEdu_efa_strategy_for_children.pdf.

② Sophie Mitra, Aleksandra Posarac, and Brandon Vick, Disability Poverty in Developing Countries: A snapshot from The World Health, World Bank, April 2011, available at, http://siteresources.worldbank.org/SOCIALPROTECTION/Resources/SP - Discussion - papers/Disability - DP/1109.pdf.

③ Handbook for Parliamentarians on the Convention on the Rights of Persons with Disabilities, available at, http://www.un.org/disabilities/default.asp?id=212, 日期 2020 年 3 月 29 日。

④ 美国人口普查局网站, U.S. Census Bureau, https://www.census.gov/newsroom/releases/archives/facts_for_features_special_editions/cb08 - ff11.html, 最后浏览日期 2019 年 11 月 1 日。

⑤ Mitra, S., Posarac, A., Vick, B., Disability and poverty in developing countries: a multidimensional study. World Development (2013). P18.

⑥ Inclusion International. Hear our voices: A global report - People with an intellectual disability & their families speak out on poverty and exclusion (2006). Available at: http://hpod.org/pdf/HearOurVoices.pdf.

⑦ United States Department of Education, The National Longitudinal Transition Survey (1993). Washington: Office of Special Education Programmes.

⑧ Groce, N.E. HIV/AIDS and people with disability. The Lancet, 2003, available at, http://globalsurvey.med.yale.edu/lancet.html.

⑨ Groce, N.E., Adolescents and youth with disability: Issues and Challenges, available at, http://siteresources.worldbank.org/EXTLACREGTOPHIVAIDS/Resources/AdolescentsandDisabilityFinal.pdf

⑩ 联合国网站, http://www.un.org/esa/socdev/documents/youth/fact - sheets/youth - with - disabilities.pdf.

1.1 国际人权法对残疾人权利的确认和保护

1.1.1 萌芽：联合国关注残疾人的权利

1945年，来自50个国家的代表在旧金山起草了《联合国宪章》，联合国宣告成立。《联合国宪章》声明，成立联合国的目的，是促进基本人权，人格尊严与价值，并把社会公正放到首要的位置。① 1946年，联合国大会第一届会议即讨论制定《世界人权宣言》。1948年12月，凝聚多方共识的第一份国际人权文书《世界人权宣言》获得通过。该宣言承认人类普遍的自由和尊严。指出，人人生而自由，在尊严和权利上一律平等，② 奠定了保护和促进人权的基础。《世界人权宣言》第25条关于健康和福利的规定，特别提到"在遭受残废而丧失谋生能力时，有权享受保障"。

联合国是首个公开挑战传统的不利于残疾人的立法和政策的国际组织。在成立后的前十年，联合国的重点工作之一即为"二战"中的伤残人士提供服务，之后逐步扩大到为所有的残疾人群体提供支持。在1950年，联合国第六届社会发展委员会大会审议了《身体残疾人的社会康复报告》和《盲人的社会康复报告》。彼时，社会发展委员会认为在残疾人教育、待遇和安置方式等方面，应当设立国际标准，尤其要关注落后地区的盲人的需求。联合国经济和社会事务部也建议各国采取措施以帮助残疾人。此后数年，联合国开展的项目一直以为残疾人提供康复服务和其他医疗服务措施为重点。③ 在20世纪60年代，社会发展委员会开始监测之前实施的多项康复项目的进展情况。1969年的《社会进步和发展宣言》进一步强调为促进精神残疾和肢体残疾人的康复，融入社会，应当为他们提供健康、社会保障和福利服务。④

1.1.2 发展：国际残疾人权利文书大规模出台

自20世纪70年代开始，残疾人享有人权的观念获得了更广泛的认同。联合国陆续出台了多项专门的文件以提高保障残疾人权利的力度。1971年，联合国

---

① 《联合国宪章》序言。
② 《世界人权宣言》第1条。
③ The United Nations and Disabled Persons —The First Fifty Years, http://www.un.org/esa/socdev/enable/dis50y01.htm, 最后浏览日期2020年1月20日。
④ The United Nations and Disabled Persons – The First Fifty Years, http://www.un.org/esa/socdev/enable/dis50y10.htm, 最后浏览日期2020年1月20日。

大会通过了第一个残疾人权利宣言——《权利宣言》。《权利宣言》号召在国内和国际层面保护智力残疾者的权利。智力障碍和精神障碍的残疾人由于往往遭受极其恶劣的对待，处于极其悲惨的境地而获得国际社会的重点关注。《权利宣言》提出，智力障碍者享有以下权利：(1) 在最大可能范围内，与其他人相同。(2) 有获得合适的医疗，身体治疗，教育，康复和指导的权利。(3) 有获得经济保障和体面的生活水平的权利。(4) 在可能的情况下，与自己家庭居住以及参与不同形式的社区活动的权利。(5) 必要时，获得合格的看护的权利。(6) 有免于被剥削、虐待和有辱人格的对待的权利（包括法律正当程序的权利）。这个宣言也预示着国际社会将采取更为广泛的措施来促进残疾人融入社会。

第二个专门的法律文件《残疾人权利宣言》于 1975 年出台。可以看出，保护所有的残疾人的权利是世界范围内亟须关注的问题。残疾人这个最大的少数群体处于各个社会的边缘，难以享有平等公民的身份，难以实现作为人所享有的权利和尊严。这个宣言鼓励国内和国际层面保护身体残疾和精神残疾者的权利。此外，《残疾人权利宣言》指出，第一，残疾人是平等的权利享有者，人格尊严应当受到尊重。第二，享有医疗服务的权利。第三，有获得各种措施和服务以便实现个人的自立。第四，考量残疾人在不同阶段的不同需求。第五，有家庭生活的权利，尽量不住在收容机构，等等。

这两项标志性的宣言都承认残疾人的平等权利，将残疾人的地位定义为权利的享有者而非慈善和救济对象。更为重要的是，这两个宣言第一次明确提出"平等对待"的权利（如公民权和政治权）和"平等机遇"的权利（如经济、社会和文化权利）。这两个文件虽然不具有约束力，但实际上开启了国际范围内大规模修改残疾人法律和政策的时代。

因为意识到残疾人应当在各国内成为完全平等的公民，平等享有人被赋予的所有权利，在 1976 年 12 月，联合国大会通过决议把 1981 年定为"残疾人国际年"，以求促进残疾人平等权利和充分的社会融合。关于 1981 年国际残疾人年，联合国大会除了提到传统的残疾预防和康复之外，着重指出残疾人年旨在促进世界范围内残疾人的"充分参与"和"平等"，承认残疾人在社会生活和社会发展中享有与其他公民同等的充分参与的权利，以及共享社会和经济发展的成果。在残疾人国际年，开发了许多残疾康复和预防的项目。残疾人委员会的成立在推动这些项目的施行，促进研究发展和政策、法律的发展以及为发展中国家提供资助方面发挥了积极的作用。残疾人国际年被视为在"残疾人反抗歧视和隔离以及争取平等权利的历史长河中的里程碑"。[①] 联合国副秘书长 Leticia Shahani 女士曾

---

① The International Year of Disabled Persons 1981，联合国网站，http://www.un.org/disabilities/default.asp? id =126，最后浏览日期 2019 年 9 月 20 日。

动情地说道，我们有责任让 1981 年成为后代纪念的一个年份，残疾人在他们的国家成为真正的公民，享有所有的权利。政府必须在生活的方方面面全力为残疾人提供平等的机遇。① 1981 年残疾人国际年，有大量的项目、相关课题出台，许多国家的残疾人立法开始实施。这一年召开了许多与残疾问题相关的研讨会议，包括残疾人国际（Disabled People International）第一次成立大会，也在 11 月 30 日至 12 月 6 日于新加坡召开。该年，联合国专项募集到超过 50 万美元用于支持改善残疾人的活动。②

1982 年 12 月，联合国大会在之前一系列工作的基础上，出台了更为积极的一系列措施来保护残疾人的权利，包括通过了《行动纲领》，以及宣布 1983 - 1992 年为"联合国残疾人十年"。③《行动纲领》是第一份明确规定具体实施措施以保障残疾人权利实现的国际法律文件。《行动纲领》以推动残疾预防和康复为宗旨，以求最终促进残疾人与健全人一样平等地参与社会生活、获得发展。《行动纲领》和残疾人国际年标志着残疾人权利保障领域一个全新的时代到来了——即强调从人权的角度来推动残疾人权利的发展以及消除各种阻碍残疾人融入社会的障碍。此外，《行动纲领》重点强调各国要增加财政支持，为残疾人提高教育支出，提供就业机会，促进他们参加社区和村镇的活动。

在国际层面，联合国特别机构同样在为实现残疾人充分参与社会生活和发展提供有效措施等方面作出了很多贡献。在 1983 年 6 月 20 日，国际劳工组织大会通过了《残疾人职业康复和就业公约》。该公约在为残疾人制定职业康复和就业方面确立了一系列建议和指导原则。其中包括制定为残疾人提供职业康复措施的政策，以便促进残疾人适当的就业。然而，由于缺乏监督机制和国际审查的要求，并没有确切的数据表明这些广泛的一般性建议促进了残疾人在工作场合的融合。

1989 年 8 月 14 日 - 22 日，在苏联塔林召开的残疾问题国际会议通过了涉及残疾人教育和就业问题的《塔林残疾领域人力资源开发行动方针》（以下简称《塔林行动方针》）。该项文件鼓励公众积极看待残疾人，尊重他们的权利和尊严。《塔林行动方针》以残疾人实现独立和充分参与社会生活为目标，要求各国

---

① The United Nations and Disabled Persons - The First Fifty Years, 联合国网站, http：//www. un. org/esa/socdev/enable/dis50y40. htm, 最后浏览日期 2019 年 9 月 20 日。

② History of United Nations and Persons with Disabilities - The World Programme of Action Concerning Disabled Persons, 联合国网站, http：//www. un. org/disabilities/default. asp? id = 131, 最后浏览日期 2019 年 10 月 21 日。

③ History of United Nations and Persons with Disabilities - The World Programme of Action Concerning Disabled Persons, 联合国网站, http：//www. un. org/disabilities/default. asp? id = 131, 最后浏览日期 2019 年 10 月 21 日。

为残疾人提供平等机会。在残疾人教育方面,《塔林行动方针》初步形成了融合教育的萌芽。为促进各国实施《行动纲领》,在1989年,联合国大会建议会员国遵守《塔林行动方针》。①

1991年12月17日,联大通过的《保护精神病患者和改善精神保健的原则》(以下简称《保护原则》),包含25条原则,涵盖了精神障碍者的自由及权利方面的重要内容,包括对精神障碍者融入社区权利、鉴定机构及程序以及有关精神疾病和障碍的鉴定等。该《保护原则》设定的内容,为国家、各级政府机构、专门机关的工作提供了有益的指导。

1993年12月20日,联大通过了《标准规则》。虽然《标准规则》不具有约束力,但一些国家仍将其用于指导为残疾人创造平等机会的行动中。《标准规则》规定设立监测机制,以便对各国实施《标准规则》的状况进行监督。此外,联合国设置了特别报告员,以推动《标准规则》的实施。几任特别报告员对《标准规则》的监督和对残疾问题的阐述已经成为联合国残疾问题相关议题的重要内容。②

联合国残疾人权利运动推动下的国际残疾人权利保障体系为提高世界范围内人们对待残疾人的认知,推动各国出台相关政策和立法方面起到了较强的指导性作用。③尤为重要的是,残疾人问题被纳入国际人权框架之内,残疾人的人权地位得到确认和保障。残疾人权利运动影响了许多国家的残疾人立法和政策。实际上,后来制定的《公约》确认《行动纲领》和《标准规则》所载原则和政策导则在影响国家、区域和国际各层面推行、制定和评价进一步增加残疾人均等机会的政策、计划、方案和行动方面的重要性。④但是由于上述一系列的国际文书仅仅是宣言或者决议、规则,没有强制力,各国在执行方面存在着争议,更普遍存在怠于履行的情况,残疾人的权利保障在世界范围内还面临着巨大的挑战。由此促使人们考虑制定一项专门的具有法律约束力的公约来保障残疾人的权利,这成为推动《公约》出台的催化剂。

1.1.3 完善:联合国核心人权条约体系的建立

在过去的六十年里,保障残疾人权利的国际法律框架已发展成为一套全面的

---

① "联合国关注残疾人纪实",中国残联网站,http://www.cdpf.org.cn/wxzx/content/200711/30/content_30315568.htm,最后浏览日期2020年4月20日。

② "联合国关注残疾人纪实",中国残联网站,http://www.cdpf.org.cn/wxzx/content/200711/30/content_30315568.htm,最后浏览日期2020年4月20日。

③ "联合国关注残疾人纪实",中国残联网站,http://www.cdpf.org.cn/wxzx/content/200711/30/content_30315568.htm,最后浏览日期2020年4月20日。

④ 《公约》序言第6款。

完备的残疾人人权保障体系。在《公约》通过之前，已有的人权条约保护所有人的权利，毫无疑问，残疾人也包括在内。国际人权条约属于国际法上的"硬法"（Hard Law，意即有法律约束力），相比前文论述的宣言、规则等"软法"（Soft Law，不具有法律约束力），具有更强的保护力度。而且各核心人权条约都设立了相应的人权监督机构，有一整套成熟的监督机制，能更有力地保障各项人权内容在内国的实践效果。

1965年，联合国大会通过了《消除一切形式种族歧视国际公约》，这是第一部国际人权核心条约。1966年，联合国大会相继通过了《公民权利和政治权利国际公约》和《经济、社会、文化权利国际公约》两项重要的核心人权条约。这两项人权条约确认人权与基本自由的相互依存、不可分割，强调所有人的平等权利主体地位。另外，两项人权条约都为反歧视的国际立法提供了原则依据。[1] 考虑到残疾人在权利实现方面的特殊需求，经济社会文化权利委员会于1994年还专门制定了有关残疾人的第5号一般性意见，强调缔约国保护残疾人权利的紧迫性和必要性，明确要求缔约国制定反歧视的立法和措施。在就业、教育、健康等各方面确保残疾人权利的实现。另外指出，在资源有限的情况下，缔约国保护残疾人等弱势群体的义务显得更为重要。[2] 同样的，1979年联合国《消除对妇女一切形式歧视公约》，1984年联合国《禁止酷刑和其他残忍、不人道或有辱人格的待遇或处罚公约》和1990年《保护所有移徙工人及其家庭成员权利国际公约》都无一例外保护残疾人在内的相应主体。其中，消除对妇女歧视委员会于1991年发布了关于残疾妇女的第18号一般性意见，对该公约第3条规定的缔约国保障男女平等，确保妇女行使和享有人权和基本自由作出进一步阐释。指出，残疾妇女面临双重的歧视，建议缔约国承担责任，采取全面有效的措施。此外，第24号一般性意见关于妇女和健康，也着重提到残疾妇女的健康需求。[3]

值得指出的是，1989年，联合国大会通过了《儿童权利公约》。《儿童权利公约》是第一项具体提及残疾问题和规定残疾儿童权利的人权条约。《儿童权利公约》指出，残疾儿童有获得特别照顾的权利，缔约国应尽力为残障儿童的父母或其他照料人提供免费援助，确保残疾儿童能有效获得和接受教育、保健、康复等服务，以帮助残疾儿童充分参与社会、实现个人发展。[4] 另外，为特别保护残疾儿童的权利，儿童权利委员会于2006年出台第9号一般性意见，专门讨论

---

[1] "联合国关注残疾人"，见联合国网站 http://www.un.org/chinese/esa/social/disabled/historyb1.htm，最后浏览日期2020年4月20日。
[2] 经济社会文化权利委员会，第5号一般性意见：残疾人，E/1995/22，1994年，第10段。
[3] 消除对妇女歧视委员会第18号一般性意见：残疾妇女，和第24号一般性意见：妇女和健康，HRI/GEN/1/Rev.5，1991年。
[4] 《儿童权利公约》第23条。

残疾儿童的权利问题。①

从以上分析可以看出,在国际人权事业迅猛发展的情况下,残疾人人权被全面纳入这一进程,得到了国际人权条约体系的全方位的保护。

1.2 国际残疾人权利保障体系的新发展:《公约》出台

1.2.1 局限:原有国际残疾人人权保障体系的"瓶颈"

尽管原有的国际人权法律体系构建了较为完善的残疾人人权保障框架,但从人权法律文书的保障力度和实际执行效果来看,残疾人的人权仍然难以得到切实实现。如前文所述,联合国颁布了许多"软法"来保护残疾人的权利②,但是"软法"的固有缺陷决定了此类国际法律文书仅能依赖各国的自愿实施,缺乏强有力的监督机制,导致此类"软法"其实很难在实践中得到有效执行。联合国核心人权条约虽然是具有法律约束力的"硬法",而且把残疾人也纳入保护对象的范围,但没有基于"残疾"这一身份特征来特别保障残疾人的权利,在各国实施人权条约过程中,残疾人仍不免成为"被遗忘"的群体,他们的权利往往容易被忽视。

以"软法"中的《行动纲领》和《标准规则》的执行情况为例,自1987年起,5年一次的《行动纲领》的监测工作均显示残疾人的状况没有得到实质性的改观。1992年的监测报告就指出《行动纲领》的实施由于受到贫穷、疾病、战争和其他因素的影响,进展十分缓慢。报告指出,残疾人并未成为相关决策过程的组成部分,在一些国家仍被置于社会的边缘。许多国家未根据《行动纲领》采取广泛的国家行动计划和方案,而且残疾方案仍然与经济、社会的全面发展相隔离。③ 而《标准规则》的出台及实施,特别是监测制度,曾引发人们对残疾人权利保障的进一步关注。令人遗憾的是,从《标准规则》实施的报告来看,现实状况与《标准规则》的规定有着很大落差,无法达到预期的效果。《标准规则》实施情况特别报告员第一份专门报告显示,国家实施不力,国际社会缺乏

---

① 儿童权利委员会第9号一般性意见:残疾儿童的权利,CRC/C/GC/9.

② 参见 An overview of the basic documentation is maintained by a special unit of the Division for Social Policy and Development from the United Nations Department of Economic and Social Affairs, available at, http://www.un.org/disabilities/default.asp? id = 121,最后浏览日期2019年9月20日。

③ 秘书长的报告:《关于残疾人的世界行动纲领》的执行情况和联合国残疾人十年,A/47/415,第23-29段。

有效监督，再加之文件本身不具有强制力的性质，使得残疾人权利无法在新的人权文件保护下得到很好实现。以《标准规则》中的"提高认识"的规定为例，至 2007 年，有近 1/3 的受调查国家没有采取《标准规则》规定的措施，近 7 成没有依据"提高认识"的措施为媒体提供报道指南。"无障碍"的进展状况更加严峻，根本无法为残疾人提供必需的无障碍环境。另外，超过 1/3 的国家没有任何保障残疾人就业权利的相关立法。诸如此类，不一而足。①

《公约》通过之前及之后的核心人权公约，除《儿童权利公约》外，都缺乏明确的条款保护残疾人的权利。② 每一项人权条约都可以适用于残疾人，但不是基于"残疾"的身份或特征而获得适用。残疾人要获得某项具体条约的保护，在一般性保护条款之下或者以残疾人之外的其他身份寻求保护。③具体而言，《消除一切形式种族歧视国际公约》《消除对妇女一切形式歧视公约》《儿童权利公约》《保护所有迁移工人及其家庭成员的国际公约》，这四个公约保护残疾人免遭受基于种族、性别、儿童身份或者移民身份的歧视。除《儿童权利公约》，残疾人在这几种身份特征之外不能直接根据这些国际公约得到保护。而《儿童权利公约》尽管规定了残疾儿童享有适当生活和获得特别照顾的权利，④ 但这一内容主要关于缔约国财政方面的规制，而且《儿童权利公约》缺少确认残疾儿童平等权利主体地位的规定。《公民权利和政治权利国际公约》《经济、社会、文化权利国际公约》《禁止酷刑和其他残忍、不人道或有辱人格的待遇的国际公约》以及《保护所有人免遭强迫失踪国际公约》也存在对残疾人权利保护不力的问题。以《公民权利和政治权利国际公约》的实施为例，至 2002 年，在 114 个缔约国已提交的实施报告中，有 76 份报告涉及了残疾人事项，其中大部分只提到《公民权利和政治权利国际公约》3 项以下的条款。再有，《公民权和政治权利国际公约》的条约机构人权事务委员会出具的"一般性意见"，从 1982 年至 1996 年的 14 年间，涉及残疾人问题的仅有 4 项，且只有一项意见明确提到"残疾人"字样。⑤ 而且，由于各项人权条约缺乏明确保护残疾人权利的规定，申诉人向相应条约监督机构提起申诉方面，难以基于残疾人的身份获得有效的权利救济。《公民权利和政治权利国际公约》的监督机构人权事务委员会依据相应

---

① 监测〈残疾人机会均等标准规则〉的执行情况，E/CN. 5/2007/4，第 27 – 40 段。
② 《保护所有人免遭强迫失踪国际公约》于 2006 年 12 月 20 日通过。
③ 例如，在普遍条款之下，含有"人人享有""所有人享有"类似的条款，再者，残疾妇女可以以妇女的身份获得《消除对妇女一切形式歧视公约》的保护。
④ 《儿童权利公约》第 23 条。
⑤ Gerard Quinn, Theresia Degener, Human Rights and Disability: The Current Use and Future Potential of United Nations Human Rights Instruments in the Context of Disability, United Nations 2002, p. 66, availbable at, http://www.ohchr.org/Documents/Publications/HRDisabilityen.pdf.

的任择议定书接收来文申诉,至2002年,人权事务委员会收到的344份来文中只有8份涉及残疾事项,但是有6份被裁定不予受理。① 上述人权条约在保障残疾人权利方面的另一个重大缺憾在于,它们没有要求各国专门针对残疾人权利保护制定法律和政策。人权条约通过内国的法律和政策实践才能"获得生命"。对残疾人权利问题缺乏明确的、直接的规定,这些人权条约很难给残疾人带来实质性的益处。实际上,缺乏专门的保护残疾人权利的公约,残疾人在国际法和国内法律中仍然是隐形的群体。而且在上述几个国际公约之下,不同的条约机构并不是专业处理残疾人权利问题的部门,在处理这些申诉的效率方面也存在着问题。诚如有专家所言,残疾人与其他弱势群体相比在法律上处于更不利的地位,因为与其他弱势群体不同,残疾人没有可以为他们提供特别保护的国际条约和机构,这更加印证了之前国际人权体系在残疾人权利保障方面存在着很大缺陷,② 制定一项专门保护残疾人权利的国际条约势在必行。

1.2.2 博弈：残疾人权利国际条约的制定

2001年10月,墨西哥总统福克斯在第56届联合国大会会议期间,吁请联合国制订一项专门维护残疾人权利和尊严的国际公约。这一提议获得其他参会人员的普遍认可。同年12月,联合国大会通过第56/168号决议,成立了一个特设委员会(以下简称特委会)以负责残疾人保护条约起草事宜。③ 特委会承担着"提出综合性的完整的促进和保护残疾人权利和尊严的国际公约"的责任,而且应当在社会发展、人权和反歧视的基础上,考虑人权委员会和社会发展委员会的建议。④ 该决议还"请各国政府、联合国系统各有关机构和组织,包括相关的人权条约机构、各区域委员会、社会发展委员会监测残疾人机会均等标准规则执行情况特别报告员以及关心此事的政府间和非政府组织,根据联合国的惯例,对委托特设委员会从事的工作作出贡献"。⑤

---

① Gerard Quinn, Theresia Degener, Human Rights and Disability: The Current Use and Future Potential of United Nations Human Rights Instruments in the Context of Disability, United Nations 2002, pp. 72 – 73, availbable at, htt – p: //www.ohchr.org/Documents/Publications/HRDisabilityen.pdf.

② United Nations Enable, http: //www.un.org/esa/socdev/enable/rapporteur95 – 02.htm, 最后浏览日期2020年3月22日。

③ "残疾人权利和尊严特设委员会",见联合国网站,http: //www.un.org/chinese/esa/social/disabled/committee.htm, 最后浏览日期2020年3月22日。

④ Comprehensive and Integral International Convention to Promote and Protect the Rights and Dignity of Person – s with Disabilities, A/56/583/Add.2 (2001), available at, http: //www.un.org/esa/socdev/enable/disA56168el.htm.

⑤ "残疾人权利和尊严特设委员会",见联合国网站,http: //www.un.org/chinese/esa/social/disabled/committee.htm, 最后浏览日期2020年6月22日。

实际上，最早提出制定残疾人公约的动议始于 1987 年，当时意大利向联合国提交了起草残疾人条约的建议和草案文本。虽然提议遭到多方反对而未能通过，但使得国际社会开始思考制定残疾人国际人权条约的必要性和可行性。① 2001 年残疾人条约特委会成立之后，新条约的起草工作有序、高效地进行。2002 年 7－8 月，特委会召开了第一次会议，确定让民间组织参与之后会议的机制。2003 年 6 月，第二次会议上，特委会成立一个工作小组具体负责公约的起草工作，其成员包括来自不同地区的 27 位政府代表、12 位非政府组织代表以及一位来自国家人权研究机构的代表。该小组于 2004 年 1 月完成了公约条文的草案，充分参考了许多国家和组织提交的草案建议。第三次会议讨论了草案的具体内容。之后经过四次会议审议，到 2006 年正式完成了公约草案。②

尽管公约的协商和起草仅用了 5 年的时间，起草和谈判的速度是历任人权条约之最，但公约的出台也凝聚着残疾人个人及其家人、非政府组织、残疾人组织和许多国家的政府近 20 年的努力。公约特委会汇聚了超过 40 个国家的代表以及全球 400 多个非政府组织和残疾人组织的代表。公约既要保证在达成最广泛共识的基础上列入各项权利内容，又要充分考量各国经济社会发展不平衡的现实，还要确保能建立高效的监督和实施体系。公约的出台伴随着争议，是一个多方博弈的过程。例如，关于残疾人的法律能力的理解，许多国家存在着很大的分歧。例如，沙特阿拉伯、伊拉克、中国、俄罗斯等国家强调法律能力是权利能力而非行为能力。而诸如芬兰等国家回应，法律能力应当有更广泛的内涵，不限于权利能力。加拿大和欧盟的代表以及国际残疾人联盟支持法律能力包括法律行为能力的看法，认为残疾人在平等基础上享有的法律行为能力对实现残疾人基本的平等和参与生活尤为重要。③ 此外，有关残疾人的生育权利，一直到公约出台前都是争论的焦点。其中，美国特别声明，生育权利不包括流产，公约的此条内容也不包含创制流产的权利，也不能被解释为支持、默许、鼓励流产，并重申其在这一点上，其他代表团不得提出不同的理解。④ 梵蒂冈的代表团认为获得生育健康是

---

① Arlene S. Kanter, The Promise and Challenge of The United Nations Convention on The Rights of Persons with Disabilities, 34 Syracuse J. Int'l L. &Com. 287 (2006－2007), p. 289.

② Ad Hoc Committee on a Comprehensive and Integral International Convention on the Protection and Promotion of the Rights and Dignity of Persons with Disabilities, at, http://www.un.org/esa/socdev/enable/rights/adhoccom.htm, 最后浏览日期 2020 年 6 月 22 日。

③ Arlene S. Kanter, The Promise and Challenge of The United Nations Convention on The Rights of Persons with Disabilities, 34 Syracuse J. Int'l L. & Com. 287 (2006－2007), pp. 301－308.

④ Press Release, United States Mission to the United Nations, Dec. 13, 2006, at, http://www.usunnewyork.usmission.gov/06_396.htm, 最后浏览日期 2020 年 3 月 25 日。

一个整体概念，流产或者获得流产的途径与公约规定不相吻合。关于公约的监督机制，也出现了激烈的争论，如以美国为首的反对设立条约机构的一派，认为应把监督职责分散到联合国其他人权机构，日本特别反对沿用原来的公约报告制度，指出报告程序对缔约国和条约机构都是沉重的负担。特委会强烈反对，指出不设专门的条约监督机构的做法违背了制定公约的初衷，是不负责任的行为。欧盟代表指出，为达到最好的实施成效，必须建立强有力的监督机制。墨西哥支持更有效的、被赋予更大权威的监督体制。[1]

2006年12月，联合国大会一致通过了《公约》及其《任择议定书》。该《公约》被认为是全世界残疾人的独立宣言。如时任联合国秘书长的科菲·安南所说，2006年12月13日标志着一个全新时代的到来——残疾人不再承受长期以来法律所不禁止的对他们的种种歧视。公约是标志性的前瞻性的人权文书。公约关注残疾人的权利和发展，从社会整体的角度来阐述促进每一个公民实现最大能力和潜力的必要性。[2]

1.2.3 突破：《公约》生效

2007年3月30日，《公约》及《任择议定书》在纽约联合国总部开放签署。在开放当日，有82个国家和地区签署，创下了历史纪录。2008年5月8日，《公约》生效。[3]《公约》将弥补以往人权体系对残疾人权利保障不足的缺憾，也将大大推动世界范围内残疾人人权的发展和改善。

第一，《公约》的整个起草过程最大限度地实现了包容和多元化。在联合国历史上，第一次把一项人权公约保障的对象及其组织充分吸纳到公约制定过程中来。残疾人及其组织参与的广度及深度都是史无前例的。《公约》制定过程中，联合国鼓励各国代表团要有残疾人成员，最终几乎有1/4的国家代表团吸纳了残疾人代表。残疾人组织和非政府组织可以在特委会登记，他们可以旁听许多会议，并在允许的情况下发言。联合国特别为发展中国家的残疾人代表保留25个席位，以便充分听取他们的诉求。有永久咨询地位的8个国际残疾人组织组成了国际残疾人联盟，最后发展为国际残疾人核心组织（International Disability Caucus, IDC），成员包括近100个残疾人组织。可以说，《公约》的许多原则和

---

[1] Daily summary of discussion at the sixth session 11 August 2005, at, http://www.un.org/esa/socdev/enable/rights/ahc6sum11aug.htm，最后浏览日期2020年3月25日。

[2] U.N. News Centre, Lauding Disability Convention as "Dawn of A New Era", U.N. urges speedy ratification, Dec. 13, 2006, http://www.un.org/ga/61/news/news.asp?NewsID-20975，最后浏览日期2020年3月25日。

[3] Leandro Despouy, Human Rights and Disabled Persons, http://www.un.org/esa/socdev/enable/dispaperdes0.htm，最后浏览日期2020年3月25日。

内容都反映了残疾人的真实诉求。① 甚至有人指出,《公约》最终的条款内容有80% 的条款来自残疾人组织、非政府组织递交的建议文本。同时,《公约》以保障残疾人参与权为重要内容,着重指出在制定和改进实施公约的法律政策方面残疾人的意见和参与至关重要。《公约》本身出台过程即是对"没有我们的参与,不能作出与我们有关的决定"最好的诠释,对各缔约国实施《公约》,制定相关法律、政策应当保障残疾人的有效参与有重大的借鉴意义。

第二,《公约》在以往国际残疾人权利保障立法的基础上,反映了先进的人权观念。《公约》确认了社会模式,创制了残疾人保护的人权模式。《公约》明确指出,"残疾"的概念不断演变发展,但应承认"残疾"(disability)不等于"伤残"(impairments),残疾是伤残与社会中各种障碍共同作用的一种结果。②《公约》第 1 条进一步规定,残疾人自身存在的身体、精神、智力等方面的伤残与外部的态度、环境等障碍相互作用,导致残疾人难以平等地参与社会。③ 这些规定都突出社会障碍对残疾人的不利影响,是造成"残疾"后果的重要因素。《公约》强调残疾人的人权主体地位,以促进、保护和确保所有残疾人的平等人权和基本自由为宗旨。《公约》又充分考量残疾人的现实的损伤及在实现权利方面的困境,采纳了"合理便利""通用设计"等概念,确立了不歧视、机会均等、无障碍、尊重差异等基本原则。

第三,《公约》内容全面、完整,整合了三代人权的发展理念,建立起一套保护残疾人权利的有约束力的法律框架。《公约》赋予残疾人完整的人权,超越了传统的残疾人权利范围。④《公约》吸收了通常民权法律不包括的一些因素,能更有力地保证他们获得更好的发展并更积极地参与社会。民权法律能禁止可能、潜在的歧视性伤害,但需要施行积极的措施来修复之前的行为造成的不平等的状态。不改变残疾人不利的地位导致他们永远承受社会的污名化和消极对待,使得他们处于二等公民的地位。例如,《公约》通过禁止歧视和要求提供合理便利直接保证残疾人就业,以及通过职业培训和其他措施来促进残疾人进入劳动市场。⑤ 公约要求缔约国同社会定见做斗争,提高社会对残疾人积极形象的认识,⑥

---

① Richard Rieser, Implementing Inclusive Education: A Commonwealth Guide to Implementing Article 24 of the UN Convention on the Rights of People with Disabilities, Commonwealth Secretariat 2008, pp. 5 – 6.
② 《公约》序言第 5 款。
③ 《公约》第 1 条。
④ 何志鹏:"从《残疾人权利公约》反思国际人权机制",载《北方法学》2008 年第 5 期。
⑤ 《公约》第 27 条。
⑥ 《公约》第 8 条。

这些都超越了一般民权法律的作用。[1]

第四，《公约》保障残疾人的发展权。残疾人群作为一个弱势群体，在社会生活的各个方面都处于弱势甚至是劣势的地位，获得全面发展的机遇和资源，是实现不可分割的人权的必要途径。发展权已经成为联合国优先促进实现的一项重要人权，成为联合国人权委员会优先审议的重要议题。[2] 发展权的客体框架囊括发展的每一个场域和每一个环节，将公民权、政治权以及经济、社会、文化权利全部涵摄在内，最终促进人的基本自由和全面的发展。[3] 《公约》要求把对残疾人权利的保护纳入社会发展进步的主流当中，尤其是发展中国家发展进步的整个进程中。[4]《公约》为处理社会和发展问题中的残疾问题提供了新的规范框架。联合国督促各国积极实施《公约》，把残疾问题确定为一个跨领域的发展问题。[5]

第五，《公约》充分考虑了世界上众多发展中国家的具体情况，提出残疾人权利逐步实现的现实性。《公约》第4条规定，在实现残疾人的经济、社会和文化权利方面，缔约国应最大限度地利用其现有资源，并寻求国际合作的方式，以充分履行其义务。[6] 在发展中国家经济、文化、社会发展水平相对落后的情况下，对残疾人权利的保护不可能面面俱到，一蹴而就。《公约》的务实精神得到广大发展中国家的拥护和支持。[7]《公约》在许多方面都体现了可行性、操作性强的特点。《公约》不是简单列出残疾人应当享有的各项权利，更是进一步明确列出缔约国应当承担的义务。在每一项权利内容之中，都指明缔约国应当采取的措施。此外，《公约》要求开发通用设计的服务、设施等，以便能以较低费用满足残疾人的需要。在辅助用品、器具方面，优先考虑价格低廉的技术，确保残疾人能以低廉费用享有这些服务。[8]《公约》务实的规定吸引越来越多的发展中国家成为该公约的缔约国，而且有利于公约的内容以较低的成本在这些国家获得有效的实施。

---

[1] Michael Ashley Stein, A Quick Overview of the United Nations Convention on the Rights of Persons with Disabilities, 31 Mental & Physical Disability L. Rep. (2007), p. 680.
[2] 汪习根：“发展权含义的法哲学分析”，载《现代法学》2004年第6期。
[3] 汪习根："发展权与中国发展法治化的三维研究"，载《政治与法律》2007年第4期。
[4] 《公约》序言：必须使残疾问题成为相关可持续发展战略的重要组成部分。
[5] 为残疾人实现千年发展目标和其他国际商定发展目标：2015年之前及之后兼顾残疾问题的发展议程，A/69/187，2014.
[6] 《公约》第4条。
[7] 杨俐：《残疾人权利研究》，吉林大学2009年博士论文.
[8] 《公约》第4条，第20条。

第 2 章 《公约》构建的残疾人权利保障制度

人类对残疾和残疾人的认知经历了发展演变的过程。从将残疾人单纯地视为福利救济的对象到承认残疾人的平等尊严和权利，这一嬗变反映了整个社会的文明进步，也突出反映了有关残疾人权利保障的理念进展。从历史上看，人道主义理论长期主导了残疾人事务的方方面面，受此影响，针对残疾人的福利立法、救济法曾是残疾人立法的主流。人们逐渐摒弃将残疾人视为"异类""受诅咒"的群体的传统模式的观念，却又在很长时期内给残疾人贴上了"病人""不正常"的标签。"医学模式"的盛行，使得很多国家把残疾人相关的立法局限在公共卫生领域，预防残疾和隔离残疾人的做法盛行一时。20 世纪 70 年代开始，残疾是一种"社会构造"[1] 的理念开始冲击原有的残疾人立法及政策。这样一种理念认为残疾并不是某个人、某个群体的问题，残疾是一个社会问题，社会中存在的障碍是导致残疾人难以平等参与社会生活的重要原因。以美国为首的许多发达国家采纳了"社会模式"，制定了反对残疾歧视的法律，确认残疾人的平等权利，消除社会对残疾人的阻碍和限制，实现残疾人的平等参与和融合。同时代出世的巨著《正义论》所构建的公平的社会正义论迎合了保护残疾人权利的呼吁，为建立促进残疾人平等权利实现的正义的社会制度注入了强大动力。其后，哲学家努斯鲍姆将"能力论"运用于残疾领域，弥补了罗尔斯正义理论在相关方面的缺陷，为保障残疾人权利提供了更为坚实的理论基础。2006 年 12 月，联合国通过了 21 世纪第一个人权条约——《公约》。该《公约》采纳了残疾的"人权模式"的立法理念，即在社会模式的基础上，进一步明确承认残疾人平等享有一切人权，包括需要加强资助的人权。五十年来，联合国通过的残疾人权利保护文书充分反映了残疾人立法理念从"医学模式"到"社会模式"再到"人权模式"的转变。

《公约》的内容由序言 20 款和正文 50 条组成。序言部分阐释了订立此公约的理由和目的，并回顾了与残疾人权利相关的国际文书，重申残疾人的人权主体

---

[1] Claire H. Liachowitz：Disability as ASocial Construct：Legislative Roots，University of Pennsylvania Press 1988，p. 1.

地位，确认残疾人的多样性和残疾人的基本权利及自由。正文部分前9条囊括了《公约》的宗旨、核心定义、8项一般性原则、缔约国的一般义务和对实现残疾人平等权利极其重要的内容，如平等和不歧视、提高社会认知、无障碍等内容，另外，《公约》还特别规定加强对残疾妇女和残疾儿童的保护。《公约》是涉及残疾人生命活动方方面面的综合性条约，它通过反歧视的原则将公民权利、政治权利（也称为"消极人权"或第一代人权）与社会、经济、文化权利紧密结合（也称为"积极人权"或第二代人权）。① 此外，《公约》还吸纳了发展权的理论。② 《公约》的主体部分第10条至第30条即是关于这些人权内容的具体规定。尽管《公约》并未创制新的人权内容，但其对残疾人人权的全面保障是前所未有的。而《公约》的规定要得到贯彻实施，各国须改革和完善其国内残疾人立法，首先，应当确认残疾人的全部人权，其次，还应对实施以往的人权条约建立的法律框架进行重新审视和完善。③

2.1 《公约》的核心理念：残疾的人权模式

2.1.1 残疾人权利保障理论：从人道主义到能力法

残疾人保障事业深受人道主义思想及"社会正义"理论的影响。人道主义思想直接促成残疾人事务纳入国内及国际立法体系。而约翰·罗尔斯提出的社会正义理论无疑是20世纪以来支持残疾人权利保障最有力的理论武器。当代著名哲学家、伦理学家玛莎·努斯鲍姆关注残疾问题，针对社会正义理论在保障残疾人权利方面存在的纰漏，提出了新的通往社会正义的理论框架——能力法（The Capabilities Approach，也有译为"能力路径"），以求完善原有的社会正义理论体系，确保残疾人权利获得全面实现成为可能。囿于篇幅所限以及内容结构编排的原因，本书将对相关内容予以简要的分析。

---

① See Henry. J. Steiner, Philip Alston, International Human Rights in Context: Law, Politics, Morals, Oxford University Press, 136-322 (2d ed. 2000) 第一代人权禁止国家干预，如生命权、行动、思考、表达、宗教、政治参与等权利，也被称为消极人权，而第二代人权以保障适当生活水准为核心，如居住权、教育权利、工作权利等，又称为积极人权。

② 第三代人权概念以国际人权文件所确认的发展权为核心。联合国大会通过了一系列决议，包括《自然资源永久主权》决议、1966年《社会进步和发展宣言》、1974年《建立新的国际经济秩序宣言》和《各国经济权利和义务宪章》等，承认发展中国家人民享有发展权。

③ Penelope Weller: Human Rights and Social Justice: The Convention On The Rights Of Persons With Disabilities And The Quiet Revolution In International Law, 4 Pub. Space J. L. & Soc. Just. 74, 2009, P. 84.

2.1.1.1 人道主义与残疾人权利

基于对残疾人"失能"及其常伴随的弱势境遇的同情、怜悯,人道主义思想在很长的历史时期对改善残疾人处境起到了重要的作用。人道主义强调从宗教或者道德的角度关爱残疾人、救助残疾人。可以说,残疾人事务被纳入社会立法和公共政策保障系统直接受益于人道主义思想的发展。从17世纪开始至20世纪兴盛的残疾人福利立法、社会保障立法潮流,就是人道主义的直接产物。①

如今,人道主义仍然是处理残疾事务的重要理论基础。然而,纵观残疾人权利发展历史,人道主义并未从根本上改变残疾人的不利处境,相反,以宗教或者道德观念为基础的理论根基并不牢固。甚至可以说,正因人道主义的长期束缚,社会制度反而不能最大限度寻求最利于残疾人发展的途径,而在此过程中,也使得国家逃避了更多的实现社会正义的义务。人道主义思想的深刻影响强化了人们把残疾人当作需要救济,是社会负担的固有印象。因此,从更长远的视角来看,人道主义思想对残疾人权利保障的影响是消极的,特别是在人权领域,立法层面更易忽略残疾人群体的需求。②

2.1.1.2 社会正义理论与残疾人权利

20世纪70年代,约翰·罗尔斯的巨著《正义论》问世。社会正义论成为残疾人权利保护的最有力的理论基础。该书探讨的"公平的正义理论"包含的平等的自由原则和有差别的平等原则对残疾人权利保护观念的影响最大。这两项原则,前者强调所有人有权平等享有与他人同样的权利和自由,后者强调被视为正义的有差别的平等应当最大限度利于最不利者,而且在机会平等的前提下社会地位与职位都应向所有人开放。③ 据此,承认并保护残疾的人的平等权利获得了强有力的理论支撑。残疾人与社会其他主体一样,拥有同等的权利和自由,而且由于残疾人往往是社会中受惠最少、被剥夺许多机会的群体,正义的制度应当保护残疾人,给予其社会资源而不论他们能否对社会作出贡献。从构建正义的社会制度的角度来看待残疾人事务,为残疾人权利的保障注入了强劲的动力。

然而,罗尔斯的正义理论对于基本理性的假设无疑将众多残疾人特别是心智障碍残疾人排除在外。而基本理性——正义感和基本的善是正义理论无法回避的前提。对此,罗尔斯毫不隐讳,他曾公开声明,他的社会正义制度的达成,暂不考虑伤残者及精神错乱者,因为他们无法被视为通常意义上的社会合

---

① 刘翠霄编:《各国残疾人权益保障比较研究》,中国社会出版社2002年版,第44页。
② 陈新民:《残疾人权益保障——国际立法与实践》,华夏出版社2003年版,第2页。
③ [美]约翰·罗尔斯:《正义论》,何怀宏,等译,中国社会科学出版社2009年版,第47 - 69页。

作成员。①

2.1.1.3 能力法与残疾人权利

约翰·罗尔斯之后,对残疾问题关注较多的是哲学家、伦理学家玛莎·努斯鲍姆,她在其著作 Women and Human Development: The Capabilities Approaches 最早提出了著名的"能力法"(The Capabilities Approach)。努斯鲍姆认为社会正义应当涵盖所有群体,特别是弱势群体、边缘化群体的需求,如此,社会正义理论才是完善的,才能解决所有重大的社会问题。努斯鲍姆列出每个人都具有的十项核心能力,将其实现与否作为评判社会基本正义是否实现的标准。努斯鲍姆列出的十项核心能力包括:生命,身体健康,身体完整,感知、想象、思考,表达情感,实践理性,与人交往,关心其他物种,游戏,主导自身环境等。② 可见,人的能力多种多样,其构成要素是多元的。"能力法"蕴含着尊重人类多元化,以及生活多样性的价值追求。她重申每个人都值得尊重、有自主权以及自我实现的权利,而国家应当为公民实现能力发展提供充足的条件和资源。

数年后,努斯鲍姆在其另一本著作《正义的界限》中,对罗尔斯的"正义论"有关残疾人问题的诸多理论漏洞进行了系统性批判,包括罗尔斯正义理论中对公民理性平等的设定——公民基本的正义感和基本善的观念,认为其忽略残疾人中间大量的心智障碍者而将其排除在参与社会正义建构过程之外,以及关于社会最不利者的确定标准等均无法满足残疾人的需要。③ 努斯鲍姆把人类对于有价值的生活的直觉概念,作为十种核心能力的来源,遭到了许多哲学家的批评,但其"十项能力"内容与人权内容非常接近,其关于残疾问题的系统论述更加倾向基于"人"的本性来理解和尊重残疾人的权利与自由,增加了温情的人性化的色彩。尽管如此,罗尔斯的社会正义理论以及努斯鲍姆的"能力法"对承认和尊重残疾人普遍、平等地享有人权奠定了坚实的理论基础,极大地推动了社会对残疾和残疾人的认知的发展。

2.1.2 从残疾的传统模式到社会模式

人们对残疾和残疾人的认知是不断发展变化的。学界将人们对残疾、残疾人的不同态度、观念、思维方式等概括为不同的模式。具体而言,主要包括传统模

---

① [美]约翰·罗尔斯:《政治自由主义》,万俊人译,译林出版社2000年版,第21页。
② Martha C. Nussbaum, Women and Human Development: The Capabilities Approaches, Cambridge: Cambridge University Press 2000, pp. 56 - 78.
③ [美]玛莎·努斯鲍姆:《正义的界限:残障、全球正义与动物正义》,徐子婷,等译,韦伯文化国际出版有限公司2008年版,第26-79页。

式、医学模式、社会模式和人权模式等。① 对残疾认知的不同模式直接影响着一国或一地区残疾人立法、政策的内容和发展趋向。下文将对传统模式、医学模式和社会模式予以详细分析。

2.1.2.1 残疾的传统模式

残疾的传统模式是早期人类社会蒙昧落后的产物。传统模式把残疾视为一种报应或诅咒，或是对家族的惩罚。残疾人被认为给家庭带来了耻辱。在世界很多地方，都曾出现过溺死或抛弃出生缺陷婴儿的习俗。残疾人被锁起来或藏起来，与社会隔绝，或只能以乞讨为生。残疾的传统模式使得残疾人承担着严重污名化的后果，他们完全不能得到作为"人"应有的待遇，甚至他们的家庭也遭遇严重的歧视和种种压制。残疾的传统模式与人道主义相悖离，与现代文明的残疾观格格不入，也早已被大多数社会摒弃。

然而，应当指出的是，残疾的传统模式依然固化在许多文化偏见之中，难以去除，且常常反映在传说、文学作品甚至现代电影、电视节目中，持续带来消极的影响。②

2.1.2.2 残疾的医学模式

残疾观念的医学模式，即从医学的视角，把身体、精神和智力等方面的功能损伤定义为残疾。医学模式把残疾认定为"病态""不正常""无能力"，把残疾人视为非正常的个体，需要接受治疗、通过矫正才可能成为"正常人"。医学模式只关注医学概念上人的功能缺陷，认为各种医学上的缺陷是限制残疾人的唯一原因，即强调残疾的"内在"特征而完全忽略"外部"的社会环境的影响。由此残疾往往被视为一种个人悲剧。③

医学模式与过去一个世纪医学的迅猛发展密切相关。医学家阐述了这样一个观点即残疾源于疾病，残疾人被认为是有"病"的一个特殊群体。有学者称其为"残疾的医学化"，即医学标准成为判断个体残疾与否的唯一标准。在此标准审视下，残疾人是需要治疗、缺乏自决能力、有依赖性的群体。④ 随着现代医学的进步、医疗资源的增多，人们的健康状况大为改善。而且许多致残疾病都能通

---

① 关于残疾的不同模式的论述，参见郑雄飞："残疾理念发展及'残疾模式'的剖析与整合"载《新疆社科论坛》2009 年第 1 期；曲相霏："《残疾人权利公约》与中国的残疾模式转换"，载《学习与探索》2013 年第 11 期；刘文静："《残疾人权利公约》视角下的中国残疾人权益保障：理念变迁与制度创新"，载《人权》2015 年第 2 期。

② Richard Rieser, Implementing Inclusive Education: A Commonwealth Guide to Implementing Article 24 of theUN Convention on the Rights of People with Disabilities, Commonwealth Secretariat 2008, p. 13.

③ 曲相霏："《残疾人权利公约》与中国的残疾模式转换"，载《学习与探索》2013 年第 11 期。

④ Aart Hendriks &Theresia Degener: The Evolution of a European Perspective on Disability Legislation 1 Eur. J. Health L. 343 (1999), P. 343.

过防疫或治疗得以避免、治愈。两次世界大战之后，康复技术和辅助技术的发展，也降低了某些功能缺陷对个体的影响。于是，人们冀望医学来消除残疾。但是，医学的发展永远无法达成这个目标。再先进的医疗手段都不能治愈所有的残疾。而且，随着工业社会的发展，工伤、车祸导致的身体损伤以及人口老龄化时代的到来，使得残疾人群体将更为庞大。残疾人丧失了哪些功能，以及损伤的程度是他们被分类的标准，他们被贴上了各类标签，与健全人加以区别。残疾的医学模式把身体功能的损伤等同社会功能的减损。残疾人是弱者的代名词，是需要怜悯、同情的群体，是慈善、福利救济的对象，似乎只有如此才能解决他们的问题。这种观点仍然使残疾人承受污名化的压力，强化了人们对残疾人群体的消极认识，造成残疾人面临的参与社会的障碍更为巨大。[1]

长期以来，医学模式主导了人们对残疾人的认识，如哈佛大学 Michael Stein 教授所说，几乎所有的社会都从医学模式来看待残疾人，认为他们是有缺陷的个体，从而将他们排除在主流文化之外。[2] 医学模式下，社会为残疾人提供了两种选择，要么接受无法改变的命运，要么把自己托付给医生，寻求不可预知的医治。每一种情形都意味着无尽的折磨和煎熬。实质上，社会基于他们残疾的事实否定了他们的人格和公民身份，而残疾人却必须尽自己最大的努力将残疾的影响降到最低以能够最大限度地参与社会活动，融入社区。[3] 可见，医学模式带给残疾人的挑战和问题有多严重。

医学模式因为残疾人某项功能的损伤进而把他们定位为次等公民的消极观念，深刻地影响了公共政策的制定和执行。而这些政策或法律又强化、塑造了社会的消极的残疾观念。[4] 这一时期的残疾人立法中，疾病、无能力和残疾等术语常常是混淆使用的。立法目的通常是寻求把疾病和残疾对公众及社会的影响降到最低。除了积极向残疾人提供医疗服务之外，隔离残疾人的政策和措施也得到了广泛实施。[5] 另外，医学模式与慈善福利紧密联系。而实践证明，慈善与福利忽略了改造社会的必要性和保障残疾人平等权利的紧迫性，不仅没有真正解决残疾

---

[1] Richard Rieser, Implementing Inclusive Education: A Commonwealth Guide to Implementing Article 24 of the UN Convention on the Rights of People with Disabilities, Commonwealth Secretariat 2008, p. 15.

[2] Michael Ashley Stein, Penelope J. S. Stein: Beyond Disability Civil Rights, 58 Hastings Law Journal. 1203 (2006 - 2007), p. 1206.

[3] Jonathan C. Drimmer, Cripples, Overcomers, and Civil Rights: Tracing the Evolution of Federal Legislation and Social Policy for People with Disabilities, 40 UCLA L. Rev. (1992 - 1993), p. 1359.

[4] Claire H. Liachowitz: Disability as ASocial Construct: Legislative Roots, Pennsylvania: University of Pennsylvania Press 1988, pp. 1 - 2.

[5] Aart Hendriks, Theresia Degener, The Evolution of a European Perspective on Disability Legislation, 1 Eur. J. Health L. 343 (1994), p. 348.

人面临的问题,反而加剧了社会对残疾人的消极看法,给他们融入社会带来重重阻碍,使他们长期处于社会的边缘。慈善与福利并不能真正解决残疾人的问题。从长远来看,残疾人没有从慈善和福利中获益,因为慈善和福利不是发展过程的要素,同样也不是国家社会经济发展的要素。残疾人需要的是同健全人一样的权利,获得平等的对待,能够跟健全人一样平等地参与社会生活。①

我们反对医学模式,是指禁止单纯从医学的角度把残疾人的功能缺陷等同于社会功能缺陷,进而剥夺他们平等参与社会的权利。我们反对医学模式,并不是反对残疾人获得医疗服务,恰恰相反,为残疾人提供充足的、优质的医疗资源,维持他们的生命、健康,最大限度地降低损伤,是残疾人生活以及权利的重要内容。②

2.1.2.3 残疾的社会模式

第二次世界大战之后,作为对纳粹"种族优劣"论的反击以及受逐渐兴起的民权运动鼓舞,残疾人权利运动走上了历史舞台。这场运动把独立生活和完全承认残疾人的权利作为目标。③ 残疾人以自己的生活经验为基础,挑战传统的医学模式带给他们生活的负面影响,批判社会、文化对他们的不公正待遇和错误态度。有的美国学者将残疾人同非裔美国人的状况进行对比,认为这两类人群的经历、身份很大程度上由社会条件和他们作为外人的地位决定的,而不是事实上他们的身体和肤色造成的。这种观点说明,残疾在性质上更多显示其是一种社会现象。④ 残疾人认为,残疾是个体与其环境长期相互影响的结果,声称残疾人面临的诸多困难并不是由于他们的身体缺陷或者他们的行为造成的,而是社会对待他们的错误态度和方式造成的。人们应当更多关注歧视和提供平等待遇,而不是强迫残疾人适应外界环境。⑤ 政治科学家 Jacobus tenBroek 对残疾社会模式的早期发展起到了重要作用。⑥

---

① Peter Coleridge, Disability, Liberation and Development, Oxfam Professional, 1993. p. 53.

② Richard Rieser, Implementing Inclusive Education: A Commonwealth Guide to Implementing Article 24 of the UN Convention on the Rights of People with Disabilities, Commonwealth Secretariat, 2008, p. 16.

③ Lawrence O. Gostin, Henry A. Beyer, Implementing The Americans With Disabilities Act: Rights and Responsibilities of All Americans, Paul H Brookes Publishing Co, 1993, p. 27.

④ Wend E. Parmet, Plain Meaning and Mitigating Measures: Judicial Interpretations of the Meaning of Disability, 21 Berkeley J. Emp&Ladb. L. (2000), pp. 56 - 57.

⑤ Aart Hendriks &Theresia Degener: The Evolution of a European Perspective on Disability Legislation 1 Eur. J. Health L. 343 (1999), PP. 343 - 345.

⑥ 阐述在历史上残疾人是如何根据侵权法的规定得到更多的照料,因为残疾人在参与社会活动时被视为天生的"低能"。参见 Jacobus tenBroek, The Right to Live in the World: The Disabled in the Law of Tortst, 54 Cal. L. Rev. 841 (1966).

英国和美国的残疾人权利专家直接推动了残疾观念的社会模式的产生。[1] 1976 年，英国一个残疾组织（Union of the Physically Impaired Against Segregation）的一份文件比较系统地以"关于残疾的基本原则"的形式表达了这一模式。[2] 在 1981 年，残疾人国际（Disabled People's International）在其世界峰会中发表了以下声明：损伤是身体、精神或者感官长期或短期内功能的丧失或减损。残疾是由于身体和社会的障碍，造成平等参与社会正常生活的机会的丧失或减损。[3] 所以，残疾的状态是身体功能残损与社会障碍共同造成的平等参与机会的缺失。20 世纪 90 年代，Michael Oliver 在其著作中又系统阐释了这一理论。[4]

社会模式认为，残疾是一种"社会建构"[5]，摒弃残疾是个人问题的认识，强调其是一个社会问题，社会中存在的障碍是导致残疾人难以平等参与社会生活的重要原因。为残疾人设置种种障碍的社会同样需要治疗和矫正。根据残疾人及一些残疾人组织的说法，个体功能的损伤仅是造成残疾的一个原因，其他三个障碍包括：有形的建筑障碍，如楼梯或者旋转门；无形的建筑障碍，如不提供手语标示或者疏于提供其他表现形式的信息；态度障碍，如对残疾人的贡献或能力有消极的认知。这三种障碍是社会构建的阻碍残疾人融入主流社会的原因，其中社会对残疾人的偏见和消极认识是最主要的原因。[6] 社会模式冲击了以往的陈腐观念，使得人们意识到残疾人享有与健全人完全平等的权利，而不仅局限于获得"医治"的权利。这一新观念的关键在于承认社会对残疾人的歧视性对待，不是残疾人的功能损伤带来的必然结果，而是对残疾错误认识的政治选择。给残疾人带来各种障碍的问题很多不是因为行动、视力或听力损伤，相反，是建造台阶而非坡道，仅提供印刷字体的信息或禁用手语以及其他形式的交流方式的政治决策的必然后果。[7]

---

[1] Michael Ashley Stein, Penelope J. S. Stein：Beyond Disability Civil Rights 58 Hastings Law Journal, (2006 - 2007), p1207.

[2] 曲相霏："《残疾人权利公约》与中国的残疾模式转换"，载《学习与探索》2013 年第 11 期。

[3] Richard Rieser, Implementing Inclusive Education：A Commonwealth Guide to Implementing Article 24 of the UN Convention on the Rights of People with Disabilities, Commonwealth Secretariat 2008, p. 16.

[4] Michael Oliver 提出，社会模式"最基本的含义是不再仅仅关注特定个体的身体上的限制，而认为身体条件和社会环境共同作用，给一些特定人群造成了诸多限制。"参见 Michael Oliver, Bob Sapey：Social Work with Disabled People 2nd ed, London：Palgrave Macmillan, 1998, pp. 22 - 23.

[5] Claire H. Liachowitz：Disability as ASocial Construct：Legislative Roots, University of Pennsylvania Press 1988, p. 1.

[6] Aart Hendriks, Theresia Degener, The Evolution of a European Perspective on Disability Legislation, 1 Eur. J. Health L. 343 (1994), p. 348.

[7] Theresia Degener, International Disability Law—A New Legal Subject on The Rise：The Interregional Experts' Meeting in HongKong, December13 - 17, 1999, 18 Berkeley J. Int' l L. (2000), p. 180.

社会模式的最直观作用在于帮助改变医学模式带来的消极看法——残疾是个人的悲剧。社会模式挑战了慈善和福利政策。残疾人不应当是医疗、慈善的客体，他们是权利主体，他们有权对自己的生活作出独立决定，他们是平等的公民，有权跟健全人一样平等地参与社会生活。[①] 此外，社会模式的核心内涵——从改变残疾人适应这个不健全的世界和社会到通过改变人们的态度和消除障碍来实现残疾人的发展，是社会模式较之医学模式的最大不同。社会模式不仅促进了与残疾人相关的社会领域的改革，同时为人们审视相对弱势群体的生存状态提供了新的思维路径，并成为其他少数群体要求社会变革，主张自身平等权利的有力武器。

随着社会模式获得普遍认可，在国际法领域，残疾成为一个人权问题，一系列国际文书明确承认残疾人的平等主体地位，保障其获得平等的机遇，消除基于残疾而对他们实施的隔离和排斥。以美国为首的许多发达国家采纳了社会模式的理念，制定了反对残疾歧视的法律，以确认、保护残疾人完全平等的权利。社会模式的确立是承认残疾人人权的里程碑，越来越多的国家采取了这种立法模式。

2.1.3 不同残疾观念之下的国际残疾人保障立法

从残疾人立法角度来看，残疾观念的不同模式，代表了不同的立法理念，直接关系着国际和国内残疾人权利法律体系的性质和实践。下文将对比分析相关国际法律文书采纳的不同的模式，以阐明残疾人立法的发展脉络，深刻理解不同模式的内涵，为讨论《公约》及其创制的人权模式奠定基础。

2.1.3.1 医学模式与国际残疾人立法

第二次世界大战后，针对残疾人的国际措施主要是联合国推动的职业康复计划。联合国大会和联合国经济与社会委员会在20世纪五六十年代推行了一系列针对残疾人康复的措施。[②] 相关措施围绕康复计划的"全人"目标，以期让残疾人由残缺状态恢复到"完全"状态。康复计划寻求"治疗"残疾人，弥补他们的功能缺陷，帮助他们重返社会。联合国还启动了系列公共宣传运动，名为《残疾人康复》的手册，介绍了残疾人康复的国际方案等。可以说，康复计划提高了社会对残疾人问题的意识，推动了世界范围内残疾人康复行动的发展，为残疾人融入社会提供途径。但是，我们也应当认识到，单纯从康复的角度来思考残疾问题，会加剧人们从医学模式的角度来看待残疾，人们仍停留在这样一种观

[①] Peter Coleridge, Disability, Liberation and Development, London: Oxfam, 1993, p.53.

[②] U.N. Econ. &Soc. Council, Social Rehabilitation of the Physically Handicapped Report of the Social Commission, 6th Sess, U.N. Doc. No. E/AC. 7/L. 24.

念，即残疾人需要改变而非社会应当改变。① 实际上，经济与社会委员会推行的康复措施——"肢体残疾社会康复"计划，从名称就可明显看出其采用了残疾的医学模式，旨在改变残疾人，而非改造外在的社会环境，缺乏对社会障碍的认识。受联合国的影响，许多国家纷纷出台公共卫生及社会福利方面的立法和政策。公共卫生法旨在预防和治疗残疾，福利法旨在满足残疾人的基本生活需求。这一时期的国际及国内法律虽然没有从权利角度来看待残疾和对待残疾人，无法从根本上解决残疾人融入社会的问题，但使得人们认识到残疾问题是一个社会问题，这是现代历史上的一个突破。②

从20世纪60年代开始，残疾人组织在挑战传统的残疾立法和政策中发挥了积极的作用。他们认为，残疾问题应当被视为社会和人权问题而不应局限在公共卫生立法的范畴。在许多国家，残疾人组织掀起了大规模的残疾人民权运动。20世纪70年代，国际条约见证了从残疾的医学模式向社会模式的转变。《权利宣言》和《残疾人权利宣言》明确承认残疾人与健全人享有平等的权利。但是，这一时期的国际文书仍然留有医学模式的痕迹，把残疾视为"特殊"的医学问题，需要通过隔离的社会机构来进行治疗或补救。

2.1.3.2 社会模式与国际残疾人立法

20世纪80年代，是国际条约主要采用社会模式的时代。1982年《行动纲领》强调，康复项目的缺陷导致无法完成改善残疾人处境、实现他们平等权利的目标。该《行动纲领》从机会平等的角度认识残疾，认为造成残疾后果的原因并不仅仅限于残疾人本身的损伤，也不是残疾人的个人问题，更多是社会结构性障碍，特别是公众对待残疾人的态度和对残疾、对残疾人的认识问题。《行动纲领》指出，身体功能的损伤或残疾对个人日常生活的影响，绝大部分是由社会环境决定的。

随着社会模式在国际残疾人权利立法领域获得完全采纳，20世纪90年代是国际残疾人法发展的标志性年代。③ 1993年通过的《标准规则》充分采纳了残疾观念的社会模式，重申残疾人的平等权利和平等机会，强调社会的规划和所有资源必须在保证每个人都有平等参与权的前提下进行分配和利用。④ 另外，《标准

---

① 相关论述可参见 Ruth O'Brien, Crippled Justice: The History of Modern Disability Policy in The Workplace, University of Chicago Press, 2001.

② Aart Hendriks &Theresia Degener: The Evolution of a European Perspective on Disability Legislation 1 Eur. J. Health L. 343 (1994), P. 350.

③ Theresia Degener, International Disability Law—A New Legal Subject on The Rise: The Interregional Experts' Meeting in HongKong, December13 – 17, 1999, 18 Berkeley J. Int'l L. 180 (2000), p. 184.

④ 《标准规则》，规则1.

规则》把残疾定义为社会建构的副产品，首次从残疾人与其环境之间的关系这个角度界定了障碍的定义。

表1关于不同的国际法律文书对残疾和残疾人的定义、描述及典型内容，可以看出残疾观念的不同模式的发展轨迹。

表1 不同的国际法律文书对残疾和残疾人的定义

年份	国际文书	残疾/残疾人	关键词/残疾观模式
1955年	国际劳工组织《1955年残疾人职业康复建议书》	定义：残疾人是一切体力或思维能力减退而确实很少有可能获得并保持一份适宜工作的人。（第1条） 典型内容：关注残疾人的康复服务	能力减退+康复/医学模式
1975年12月	《残疾人权利宣言》	定义：残疾人是任何由于先天性或非先天性的身体或精神缺陷而不能保证自己可以取得正常的个人生活或社会生活上一切或部分必需品的人。（第1条） 典型内容：福利、残疾预防、平等权利	身体或精神缺陷+平等权利/医学模式与社会模式
1982年12月	《行动纲领》	定义：残疾（disabilities）是指由于缺陷而缺乏作为正常人以正常方式从事某种正常活动的能力。障碍（handicaps）指一个人由于缺陷或残疾，而处于某种不利地位，以至于限制或阻碍该人发挥按其年龄、性别、社会与文化等因素应发挥的正常作用。（第6条） 残疾人并不是单一性质的群体，包括精神病者，智力迟钝者，视觉、听觉和言语方面受损者，行动能力受限者和内科残疾者等。（第8条） 典型内容：社会态度阻碍残疾人参与社会；机会平等；权利平等	不正常；区分缺陷、残疾和障碍/社会模式+医学模式痕迹

续表

年份	国际文书	残疾/残疾人	关键词/残疾观模式
1993年12月	《标准规则》	定义："残疾"指的是世界上任何人出现多种类的功能上的局限。人们出现的残疾既可以是生理、智力或感官上的缺陷，也可以是医学上的状况或精神疾病。这些功能或者病况既可以是长期存在的，也可能是暂时的状况。（第17条） "障碍"一词是指机会的丧失或受到限制，无法与其他人在同等基础上参与社会生活，是患某种残疾的人与环境的冲突。使用此词的目的是着重强调环境中和社会上许多有组织活动诸如信息、交流和教育中的缺欠，使残疾人无法在平等基础上进行参与。（第18条） 典型内容：同等权利与义务；机会均等	限制；区分残疾和障碍＋平等/社会模式

2.1.4 《公约》开创的残疾的人权模式

如前文所述，自20世纪80年代开始，社会模式已经取代了医学模式，成为在国际残疾人权益保障立法的指导理念。但几十年来，社会模式的缺陷也逐渐显露，一些专家学者以及残疾人组织在理论与实践层面对社会模式提出了质疑。2006年联大通过的《公约》，采纳了社会模式的一些观念，同时又对其有所发展，创制了新的人权模式。从传统模式到人权模式，反映出社会对残疾人从完全排斥到承认平等，从施予福利到尊重权利的嬗变过程。在健全人主导的社会，残疾人作为曾经边缘化的、隐形的群体走向社会融合的舞台，发出自己的声音，贡献自己的力量。《公约》创制的人权模式，是国际社会保障残疾人权利的最新理念，为各国建立完善的残疾人权利保障法律体系提供了指导性的框架。

2.1.4.1 社会模式的弊端

首先，社会模式将个人的不利地位归结为个人特征与社会环境的联合作用。[①] 但从残疾人个体经验来说，社会模式的一些推论太过于狭窄地甚至是排他性地强调社会障碍，尤其是外界的物质环境障碍给残疾人的消极影响。社会模式

---

① Adam M. Samaha, what Good is the Social Model of Disability 74 U. Chi. L. Rev. (2007) p.1251.

的理论往往忽略一个事实,那就是客观的个人身体或精神方面的功能损伤。① 社会模式并不能解释个体损伤遭遇的全部不利境况,关于这些不利境况的描述与公共政策之间存在巨大的逻辑上的差距。② 而对那些经历和需要不太符合这一模式的残疾人来说,他们的问题仍然无法得以解决。残疾人权利倡导者 Sally French 根据她自身的残疾经历,指出残疾人行动上的一些限制不能完全由社会障碍来解释。甚至有学者论断,社会模式的观念造成的缺陷已经超过了它的优点。③

其次,社会模式局限于反歧视的民权立法领域。残疾人权利运动以社会模式作为武器来反对歧视、争取平等的待遇,而通过残疾人权利运动,社会模式的理念又得到普遍认可。社会模式局限于形式公正的概念,强调残疾人应获得与健全人平等的对待,未能充分考虑超越形式平等的内涵。由此导致忽略了采取补救手段——平权措施(Affirmative Actions)来重新进行制度构建。反歧视可以防止未来的歧视带来的伤害,而平权措施需要补偿以往的不平等带来的影响。残疾人权利倡导者早已指出,有关残疾的排斥是可避免和获得补救的社会建构。④

最后,社会模式下的反歧视立法难以全面保障残疾人获得第一代人权和第二代人权。社会边缘群体实现完全融合需要行使消极权利和积极权利。残疾人民权运动焦点在公民权和政治权利,如此会造成政策制定者难以出台全面的政策框架,包括反歧视立法之外的措施,导致第一代人权与第二代人权之间的脱节,而人权的不可分割及全面享有对残疾人来说非常重要。另外,社会模式完全忽略第三代人权提到的发展的需要,发展的权利是残疾人最终享有全部人权的必要保障。可见,社会模式已经不能满足残疾人权益保障事业的需求。⑤

2.1.4.2 《公约》与人权模式

《公约》确认之前的国际文件所采纳的社会模式的理念,承认原有的国际人权体系在保障残疾人平等权利和机遇的重大成果。《公约》在采纳社会模式的基础上,又发展了社会模式,弥补了社会模式的种种弊端。《公约》创制了更为先进的残疾人保障理念——人权模式。

第一,《公约》确定了残疾人的人权主体地位。《公约》对残疾的定义及对残疾人的界定都指出残疾人有权平等地参与社会,各国应当消除阻碍残疾人实现

---

① 曲相霏:"《残疾人权利公约》与中国的残疾模式转换",载《学习与探索》2013 年第 11 期。
② Adam M. Samaha, what Good is the Social Model of Disability 74 U. Chi. L. Rev. (2007) p. 1253.
③ 曲相霏:"《残疾人权利公约》与中国的残疾模式转换",载《学习与探索》2013 年第 11 期。
④ Michael Ashley Stein, Penelope J. S. Stein : Beyond Disability Civil Rights 58 Hastings Law Journal. 1203 (2006–2007), p. 1209.
⑤ Michael Ashley Stein, Penelope J. S. Stein : Beyond Disability Civil Rights 58 Hastings Law Journal. 1203 (2006–2007), . pp. 1209–1211.

各项权利的障碍。《公约》申明一切人权和基本自由具有普遍、不可分割、相互依存和相互关联的属性,而残疾人平等享有这些权利和自由是应有之义。《公约》以实现所有的残疾人的一切人权和基本自由、促进对残疾人固有尊严的尊重为宗旨。《公约》确认必须促进和保护所有残疾人的人权,包括需要加强资助的残疾人的人权。[①] 可以看出,《公约》认同社会模式,并向前推进了一步,明确肯定残疾问题是人权问题。尽管残疾人权利早被纳入国际人权框架之内,但《公约》是首部明确指出残疾人人权主体地位的国际条约,残疾人平等享有一切人权和自由,宣告残疾人人权是固有的人权,不可剥夺、不可侵犯、不可减损。

第二,《公约》阐述了人权与人的多样性的关系。人类的多样性是人类社会的必然形态,保护、尊重人类的多样性是人权的内容之一。尊重人类多样性的应有之义,就是把所有人纳入人权保障范畴之内,平等享有人之为人的一切权利和自由,反对多数人主导的制度压迫损害任何少数群体的利益,限制他们融入主流的机遇。《公约》明确承认残疾人群体的多样性。残疾人很可能因其他身份特性,如种族、民族、性别、年龄、宗教及政治见解等等而遭受多重形式、加重形式的歧视,《公约》要求各国应对此加以特别关注。[②]

第三,如前文所述,《公约》融合了三代人权的内容,是联合国人权条约中独一无二的。《公约》全面保障残疾人的第一代人权和第二代人权。《公约》纳入第三代人权——发展权的理念,对促进残疾人权利切实实现至关重要。《公约》序言第 7 款强调,"必须使残疾问题成为相关可持续发展战略的重要组成部分"。第 13 款指出,"确认促进残疾人充分享有其人权和基本自由以及促进残疾人充分参与,将增强其归属感,大大推进整个社会的人的发展和社会经济发展以及除贫工作。"《公约》作为促进残疾人全面发展的条约,将残疾人权利保护与除贫工作结合,旨在保障残疾人的参与发展,共享发展的进程,为此得到联合国社会发展委员会的赞赏,评价《公约》是包含着发展理念和发展计划的人权条约,可以作为促进社会发展的工具。

第四,《公约》突出重视消除社会的歧视和偏见,在序言部分第 13 款,确认残疾人对其社区的全面福祉和多样性作出的和可能作出的宝贵贡献,又专设第 8 条"提高认识"一条。《公约》一方面强调反对歧视,要求保障残疾人的平等权利,又特别提出在各个领域和方面促进残疾人平等权利实现各种措施。其中,第 8 条正是针对社会普遍存在的排斥、污名化提出的对策,只有提高人们的认识,才能为残疾人平等创造好的融合氛围和环境。

《公约》的人权模式,突出残疾人的人权主体地位,要求缔约国采取一切适

---

① 《公约》第 1 条。
② 《公约》序言第 16 款。

当的、有效的、必要的、可行的措施来确保残疾人全部人权的充分实现。人权模式是传统的残疾观念的新发展、新突破，对世界各国残疾人立法和政策必将产生积极的影响。

2.2 《公约》的核心内容：权利与义务框架

2.2.1 残疾人权利保障的一般原则

《公约》加入了"一般原则"的规定。《公约》第3条详细列举了8项"一般原则"，既有概括性的原则内容也有针对特定人群的专门内容，例如，尊重残疾人的固有尊严、不歧视、机会均等、无障碍等原则是具有普遍意义的实践标准，而尊重残疾儿童逐渐发展的能力并尊重残疾儿童保持其身份特性的权利则用于指导各国的残疾儿童权利保障体系，也进一步说明《公约》对残疾儿童权利的特别重视和保护。联合国在一项文件中提到，第3条的"一般原则"是整个《公约》解释和实施的指南，贯穿于与残疾和残疾人相关的所有问题。它们是理解和解释残疾人权利的出发点，为每一项权利的衡量提供了基准线。①

2.2.1.1 尊重固有尊严和个人自主，包括自由作出自己的选择，以及个人的自立

《公约》在序言第1款即写道，人类所有成员均具有固有的尊严、价值，人人所具有的平等的权利不可剥夺。固有的尊严，指的是每个人的价值。尽管不同的文化对个人的价值有不同的理解，但普遍性的含义包括个人的价值源于人的属性，应当把个人看作是目的，而不是手段或工具。每个人的价值都是独一无二的，不能单纯以个人的贡献或能力来评判。个人自主，意为个人掌管自己的生活并有作出自己选择的自由。被剥夺或限制自主权，是残疾人普遍面临的问题。个人自主对残疾人的意义极其重大。尊重残疾人的个人自主，意味着尊重残疾人平等的选择权，使其能基于自己的意志、意愿作出选择，私人生活尽可能少受干涉。能够自由作出自己的选择是个人自立的前提条件。保障残疾人个人自主权，还要求在必要时为残疾人提供充分的便利和支助。

尊重固有尊严和个人自主的原则贯穿于整个《公约》，是《公约》明确确认了许多自由的基础，② 如与该原则密切相关的《公约》第19条，特别规定残

---

① 《残疾人权利公约的监测工作：人权监测员指南》，HR/P/PT/17，第15页。
② 《残疾人权利公约的监测工作：人权监测员指南》，HR/P/PT/17，第16页。

人有机会能平等地选择居所，选择在何处与何人一起生活，而且该条也提到为残疾人提供必要的个人援助。《公约》的许多内容，都与保障和促进残疾人的自由和自立相关，如无障碍和通用设计的规定，个人行动能力以及获得医学健康、康复治疗等。

2.2.1.2 不歧视的原则

不歧视是《公约》的基石，是最核心的原则。不歧视，意味着每一个残疾人都能平等享有所有的权利。关于不歧视的规定出现在《公约》多个条文中。不歧视原则应与《公约》禁止"基于残疾的歧视"的解释以及《公约》第5条"平等和不歧视"的规定结合起来理解。

《公约》给出了"基于残疾的歧视"的定义，认为其是基于残疾原因而作出的区别、排斥或限制，导致了在社会生活各个领域损害或取消平等享有、行使人权和基本自由的后果。拒绝提供合理便利也是一种歧视。"基于残疾的歧视"比"对残疾人的歧视"内涵更为丰富，外延更为广阔。"基于残疾的歧视"可以从三个维度来分析，一是明显的排斥、区别或限制，导致残疾人的人权不被认可、不能享有和不能行使，我们称之为直接歧视。二是间接的造成残疾人不能平等实现权利的做法，即形式上平等，但实际造成不平等的结果，我们称之为间接歧视。第三是不为残疾人提供合理便利。《公约》阐述了"合理便利"的含义，是指在不造成过度或不当负担的情况下，进行必要和适当的修改和调整，以确保残疾人在与其他人平等的基础上享有或行使一切人权和基本自由。"合理便利"是《公约》的一个重要概念，六次出现在公约文本中。联合国相关文件指出，便利，是对规则、做法、条件或要求进行调整，以照顾残疾人的特殊需要，使其能平等地参与。例如，在工作场所，便利可包括为轮椅使用者改造办公场所，为视障人士提供必要的语音操作设备等。① 而对于"合理"的界定，因情况不同而存在差异，但是必须考虑的因素包括：（1）个人的需要；（2）提供便利所需的费用；（3）健康和安全风险；（4）对其他人和项目的影响。

另外，不歧视的原则突出了反对一切形式和种类的歧视的重要性。《公约》序言第16款特别要求各国关注因其他身份特性如种族、民族、性别、年龄、政治、社会地位等而遭遇多重、加重形式歧视的残疾人的困境。另外，《公约》第6条和第7条关于残疾妇女和残疾儿童的规定，要求缔约国关注残疾妇女、残疾儿童等遭受多重歧视的群体，确保采取一切适当措施保证他们能充分享有一切人权和基本自由。现实生活中，基于残疾的歧视还包括基于残疾的不同种类、不同程度的歧视，以及因残疾对与残疾人有联系的人或组织，如残疾人的配偶、亲

---

① 《残疾人权利公约的监测工作：人权监测员指南》，HR/P/PT/17，第19页。

属、同事、工作单位、残疾人的照料者、残疾人供养和托养机构、残疾人组织等的歧视。① 这些行为或理念导致残疾人在社会生活的各个领域都不能与健全人在平等的基础上享有平等人权及实现平等人权。②

《公约》第 5 条是关于平等和不歧视的法律界定，强调法律面前人人平等，残疾人不受歧视地享有法律给予的平等保护和权益。为确保获得缔约国应当禁止一切基于残疾的歧视，采取一切适当措施确保提供合理便利。不歧视原则的实施很大程度上要依赖内国法律的规定以及司法实践的效果，国家有义务通过国内法律制度来明确赋予和保障残疾人的平等权利，不让其遭遇基于残疾以及以外的任何歧视。在残疾人遭受歧视时，能得到及时、有效的司法救济，而且在此过程中获得合理便利和必要资助，以确保其在法律程序方面的权利得到保护。

2.2.1.3 充分和切实地参与和融入社会

充分融入社会意味着残疾人被作为平等的社会参与者而得到承认和重视。残疾人的需要被视为社会和经济生活的有机组成部分，同非残疾人的需要一样，而不是被冷漠忽视或者被不当放大。要实现残疾人充分、切实地全面融入社会，社会各个方面都要作出制度性的变革，以消除以往阻碍残疾人参与、融入社会的障碍。

首先，必须为残疾人建设无障碍的社会物质环境。比如交通设施无障碍能够保障残疾人顺利出行，公共场所的无障碍能保障残疾人进出，信息、通信无障碍能保障残疾人获取信息和通信。其次，建设无障碍的文化环境，消除阻碍残疾人参与和融入的态度障碍，包括对残疾人的定见、文化偏见。对此，前联合国人权事务高级专员阿尔布尔认为，在世界各国，阻碍残疾人全面享受各项人权的最大障碍往往是态度不当。她强调，偏见与歧视是残障人面临的众多障碍的根源。③《公约》第 8 条"提高认识"的规定对此有详细阐述。再次，与"参与和融入"密切相关的是通用设计的概念。《公约》第 2 条规定，"通用设计"是指尽最大可能让所有人可以使用，无须作出调整或特别设计的产品、环境、方案和服务设计。通用设计最基本的要求即是在设计阶段就考虑到社会所有成员的需要，特别是有特殊需求的人群的需要，以确保以后无须进行特别的调整。④ 由于通用设计的价值方案是使产品和环境的设计最大可能地为全民所用，因此，通用设计应遵循以下原则：(1) 认清社会背景；(2) 考虑整个人的情况；(3) 考虑年龄和文

---

① 信春鹰主编：《中华人民共和国残疾人保障法释义》，法律出版社 2008 年版，第 15 页。
② 《公约》第 2 条。
③ 联合国新闻，"人权高专：偏见是促进残疾人权益的最大障碍"，2006 年 1 月 27 日，载 http://www.un.org/chinese/News/story.asp? NewsID =5070，2020 年 3 月 29 日访问。
④ 《残疾人权利公约的监测工作：人权监测员指南》，HR/P/PT/17，第 19 - 20 页。

化因素；(4) 根据个人和环境进行分析。①

"无障碍"同时也是《公约》规定的一项基本原则，下文将详细讨论。另外关于"提高认识""通用设计"的内容，也在下文论及。

2.2.1.4 尊重差异

尊重差异的原则，要求人们以相互理解的方式对待他人。残疾是人类差异性的一种表现，残疾人是人类多样性的一部分。残疾并不构成人性的差异。不论差异的种类或程度，所有人都有同样的尊严和权利。承认每个人的差异性，满足每个人不同的需求，是实质平等的本质，对消除各种形式的歧视至关重要。残疾是人的一种生存状态，尽管个人的损伤有一定的偶然性，但现代社会的确增加了个体受损伤的概率。尊重差异就是准确认识人类社会生活风险的一种表现。

人类多样性还表现在个体的差异性，每个人都是独一无二的个体，有自己异于别人的特质，残疾人也不例外。"残疾人"不应成为这个群体的统一"标签"，他们是有差异的不同个体。其次，根据残疾的分类把残疾人笼统称为盲人、聋人、智力障碍者等群体，也容易导致忽视他们个体的特性，难以提供满足他们个别化需求的服务。

联合国发布的有关《公约》监测的文件特别指出，《公约》并没有预防残疾的内容，而是寻求防止和消除基于残疾的歧视。尽管有关安全生产及健康生育的做法对公共安全和公民健康有实际的意义，但是，如果这些做法针对残疾人，则是从负面的角度来看待残疾和残疾人，转移了人们对尊重差异和多样性以及反歧视的关注——而这才是人权模式的重点内容。②

2.2.1.5 机会均等

机会均等指的是整个社会系统和环境能为包括残疾人在内的所有人所利用，诸如物质、文化环境、住房、交通、公共服务、医疗、教育、就业以及体育运动和娱乐设施在内的文化和社会生活等各方各面，对所有人平等开放。③ 机会均等，首先保障残疾人不因残疾而被剥夺任何参与社会生活的机会，不受到差别对待。平等，是贯穿《公约》的主线，而机会平等则是平等概念的关键内容，是保障残疾人充分参与社会、实现权利的前提条件。由于残疾人存在损伤的客观事实，他们在社会生活的许多方面都处于边缘，被社会遗忘，被法律忽视，不能获得参与社会的平等机会。始于20世纪80年代，国际社会开展为残疾人提供平

---

① 有关提高残疾人地位的问题和新出现的趋势，A/AC.265/2003/1，第7段。
② 《残疾人权利公约的监测工作：人权监测员指南》，HR/P/PT/17，第20页。
③ 联合国残疾人事务发展历程，http://www.un.org/chinese/esa/social/disabled/history.htm，最后浏览日期2020年3月25日。

等机会的运动。1981 年国际残疾人年和 1982 年的《关于残疾人的世界行动纲领》都强调残疾人享有平等的机会,有权平等分享社会、经济发展的成果,改善生活条件。1993 年联合国出台了《标准规则》。这份人权文书从名称到内容都表达了为残疾人提供平等机会的重要性、紧迫性和现实性。而在《标准规则》通过之前,1993 年 7 月,世界人权大会发布的《维也纳宣言和行动纲领》专门规定了残疾人的权利,指出残疾人的平等机会应当得到保证。①

《公约》确定的平等原则是有差别的平等,是特别资助的平等。《公约》要求缔约国采取积极的措施为残疾人提供充足的可实现平等权利的资源和机会。《公约》还要求缔约国消除一切阻碍残疾人平等参与的障碍。《公约》关于合理便利、特别扶助、无障碍、通用设计和提高认识的规定无一不是创造条件,以使残疾人切实地获得平等的机会。

机会均等原则不应停留在形式的平等,而应追求实质平等的效果。如果国家仅承担给残疾人提供形式上与健全人平等的机会,不根据残疾人的身心特性提供特别资助和合理便利,那么就会实际减损平等的成效,造成屡见不鲜的"不平等"的状况。《公约》特别强调增加残疾人均等机会的政策、计划、方案和行动的重要性,指出为加速或实现残疾人事实上的平等而必须采取的积极措施,不得视为本公约所指的歧视。其他人权公约,如《消除对妇女一切形式歧视公约》,缔约各国为加速实现男女事实上的平等而采取的暂行特别措施,不得视为本公约所指的歧视,亦不得因此导致维持不平等或分别的标准;这些措施应在男女机会和待遇平等的目的达到之后,停止采用。② 而《消除一切形式种族歧视国际公约》,亦有类似的规定,即在采取特别措施达成实现反对种族歧视的目标后,不得继续实行这些特别措施。③《公约》与之相比,不同在于,《公约》没有要求这些特别措施在目标实现后终止。

此处,我们可以参考德沃金和罗尔斯的相关理论来理解,德沃金提出,有必要采取更为积极的措施来帮助相对弱势群体实现平等的权利,尽管有时这些措施会让很多人面临不利,但只要这样的措施能促进社会整体的正义和美好,那么这些措施就是合理的。④ 而罗尔斯关于正义的差别原则,则力求对出身和天赋的不平等通过补偿或再分配,从而使所有的社会成员实质上处于平等的地位。⑤ 要保

---

① 《维也纳宣言和行动纲领》第 64 段。
② 《消除对妇女一切形式歧视公约》第 4 条。
③ 《消除一切形式种族歧视国际公约》第 1 条。
④ [美] 罗纳德·德沃金:《认真对待权利》,信春鹰、吴玉章译,中国大百科全书出版社 1998 年版,第 305 – 315 页。
⑤ [美] 约翰·罗尔斯:《正义论》,何怀宏,等译,中国社会科学出版社 2009 年版,第 59 – 63 页。

证残疾人事实上的平等，有时采取特别的积极措施是必不可少的，这样才能使处于不利地位或受到排挤的个人或群体提升到与他人实际相同的地位。这些积极措施不排除对受惠群体特别的优待，以便削弱或消除实际不平等的状态。① 为残疾人实现权利采取积极的特别措施，并不是给予残疾人的特别权利，不是对其他人的歧视，而是各国政府与社会应尽的责任。

2.2.1.6 无障碍

无障碍是残疾人独立生活以及充分平等地参与社会的前提条件，是享有所有人权和基本自由的关键要素。② 无障碍的本质是一种进入、接近、利用某种境况或与之联系的选择自由。无障碍的环境是一种媒介，如果通过无障碍的环境获得了这种选择自由，那么就在实质上获得了平等的参与权。③ 无障碍的环境是消除排斥、并以积极和可持续的方式促进残疾人实现平等权利的有效举措。

无障碍既是保障残疾人权利的一项根本原则，也是残疾人享有的一项实体权利。早在1965年《消除一切形式种族歧视国际公约》中，人人有权进入公众场所，获得公共服务，已经为国际人权框架确认无障碍作为一项权利开创了一个先例。之后的《公民权利和政治权利国际公约》以及《消除一切形式种族歧视国际公约》明确规定无障碍权是国际人权法的一部分。④《标准规则》专门规定了"无障碍环境"的内容，要求为残疾人提供无障碍的物质和信息环境。⑤ 联合国确定无障碍的环境是改善残疾人人权状况的优先工作，把无障碍作为监测相关人权文书的一个核心准则。如在监测《标准规则》的执行情况的一份文件中，联合国秘书长对无障碍现状表示关切，指出户外环境、交通工具、通信服务没有实现无障碍，阻碍了残疾人全面参与社会。将近一半的国家没有落实任何无障碍的方案。还有的国家，仅有医院、康复中心是唯一的无障碍公共空间，无疑将残疾人视为治疗对象而不是权利主体。⑥

《公约》第9条关于"无障碍"的规定更为详尽、完善。第一，《公约》要求建筑、道路、交通，包括学校、住房、医疗与工作场所，以及执法机构、法庭、监狱、娱乐区、文化、宗教、政治和体育活动建筑都实现无障碍。《公约》是21世纪论及通信技术问题的第一个人权条约。根据社会发展的新情况，特别

---

① 参见经济社会文化权利委员会第16号一般性意见：男女在享受一切经济、社会及文化权利方面的平等权利，E/C.12/2005/4，第15段。
② 残疾人权利委员会第2号一般性意见：无障碍，CRPD/C/GC/2，第1段。
③ 有关提高残疾人地位的问题和新出现的趋势，A/AC.265/2003/1，第7段。
④ 残疾人权利委员会第2号一般性意见：无障碍 CRPD/C/GC/2，第3－4段。
⑤ 《标准规则》，规则5.
⑥ 监测《残疾人机会均等标准规则》的执行情况，E/CN.5/2007/4，第31－32段。

强调信息、通信技术及网络无障碍的重要性，并且要求在这些技术和系统设计、开发、生产的早期阶段就遵照无障碍理念和标准，以确保成本低廉。第二，《公约》中无障碍的要求同样适用于服务公众的私营实体，只要货物、产品和服务对公众开放或提供，则应为所有人可获得。① 第三，《公约》特别提到农村地区的无障碍状况。要求缔约国保障农村地区设施和信息技术等方面的无障碍建设。第四，《公约》特别强调缔约国在落实残疾人无障碍权方面的责任，详细规定了缔约国应当采取的措施，包括制定无障碍标准，并予以监测；为残疾人提供协助和中介；向有关方面提供培训，等等。第五，《公约》更大的突破在于其包含着实现文化环境无障碍的理念，消除人们的态度障碍和文化偏见，摒弃对残疾人歧视的传统做法，建设包容的权利型的文化。

残疾人权利委员会成为推动"无障碍"有效实现的重要力量。在审议缔约国初次报告期间，残疾人权利委员会就无障碍问题与缔约国举行了十次对话。对每份报告的结论性意见都含有对无障碍的建议。此外，委员会于2014年3月第11届会议通过了有关无障碍的一般性意见。委员会声明，无障碍不仅应在平等和不歧视的背景下予以看待，还应被看作是社会投资的一种方式和可持续发展议程的一个组成部分。② 一般性意见大篇幅讨论了信息和通信无障碍以及通用设计的问题。认为，从设计和制造的最早阶段强制性地纳入信通技术无障碍的特点，比较经济，节约资源。"通用设计"的概念最早源于满足残疾人群的需要。委员会重申通用设计是尊重残疾人固有尊严和多样性的方式。委员会指出，新的投资、研究和生产应当促进消除不平等，而不是创造新的障碍。因此将通用设计严格应用于所有新的货物、产品、设施、技术和服务中，意义深远。通用设计不限于为残疾人提供服务，而是有利于所有的人融入社会。另外，联合国秘书长还于2013年12月任命了一位残疾事务与无障碍特使，进行无障碍倡导。③

2.2.1.7 男女平等

现今，男女不平等的现象仍然普遍存在，尤其在一些发展中国家，女性仍常处于社会中的弱势地位。对残疾女性而言，她们往往面临更为艰难的处境，遭受着残疾和性别双重歧视的风险，她们更容易被剥夺接受教育的机会，相关研究显示，她们的就业率低于残疾男性和健全女性。④

推动男女平等一直是联合国人权事业的重心，早已为国际人权法体系所确

---

① 残疾人权利委员会第2号一般性意见：无障碍 CRPD/C/GC/2，第13-17段。
② 残疾人权利委员会第2号一般性意见：无障碍 CRPD/C/GC/2，第3-4段。
③ 残疾人权利委员会第2号一般性意见：无障碍 CRPD/C/GC/2，第10段、第22段。
④ 2006年加拿大妇女研究报告（2006）. Women in Canada: a gender-based statistical report, p. 295, available at: http://www.statcan.gc.ca/pub/89-503-x/89-503-x2005001-eng.pdf.

认。从 1948 年《世界人权宣言》，到 20 世纪 60 年代《消除对妇女歧视宣言》（1965 年）和人权两公约（《公民权利与政治权利国际公约》《经济、社会、文化权利国际公约》，1966 年），再到 1981 年生效的《消除对妇女一切形式歧视公约》，国际人权条约反复申明男女平等的原则，推动全球范围内消除对妇女的歧视，在各个领域赋予妇女平等的权利。然而，遗憾的是，这些国际文书均没有特别关注残疾妇女极其严峻的人权状况，只有消除妇女歧视委员会于 1991 年制定了一项一般性意见讨论了残疾妇女的问题。该意见指出残疾妇女遭受双重歧视。敦促缔约国提供有关本国残疾妇女的信息，以及为改善她们的处境而采取的措施。① 此外，1993 年的联大出台的《消除对妇女的暴力行为宣言》特别提到了残疾妇女。1995 年 9 月第四次妇女问题世界会议通过的《行动纲要》，声明残疾等因素影响妇女实现完全的平等。② 而专门的残疾人权利文书《行动纲领》和《标准规则》则没有提出保障残疾妇女的一切人权。可见，保障妇女权利的人权文件缺少残疾的视角，而保障残疾人的人权文件又缺乏性别视角，这造成残疾妇女其实无法在现有人权保障体系下享有所有的人权和基本自由。

《公约》既把男女平等作为一项基本原则，又将其作为一项不可或缺的平等权的内容。《公约》确认残疾妇女和残疾女孩更易成为暴力、伤害和凌虐、剥削的受害人，她们往往被忽视，在家庭内外承担着更大的风险。《公约》强调促进残疾人充分切实享有人权和基本自由的一切措施中，都必须纳入两性平等的观念。③《公约》第 6 条是关于残疾妇女的规定，确认她们受到多重歧视，要求缔约国在保障妇女充分发展、提高地位、增强能力方面采取一切适当措施，最终使她们能平等享有一切人权和基本自由。

2.2.1.8 尊重残疾儿童的特别权利

对残疾人来说，儿童时期的发展具有特别重要的意义。儿童时期的康复、教育、能力发展都为成年以后更好地参与社会奠定良好的基础。《公约》关于残疾儿童的这一特别原则，旨在促进残疾儿童各项能力的全面发展，包括自主选择的能力和参与社会的能力。尊重残疾儿童保持其身份特性的权利，要求尊重残疾儿童固有的尊严，确保他们的选择自由，促进他们实现自立。本条原则还含有缔约国提供充足资源和良好条件以促进残疾儿童逐渐发展的要求以及改变社会对残疾儿童的巨大偏见和严重排斥，提高对残疾儿童固有尊严和权利尊重的态度。

---

① 消除对妇女歧视委员会第 18 号一般性意见：残疾妇女，HRI/GEN/1/Rev. 5.
② 中国妇女研究网，http://www.wsic.ac.cn/internationalwomenmovementliterature/66149.htm，最后浏览日期 2020 年 4 月 10 日。
③《公约》序言第 16 款，第 19 款。

联合国教科文组织指出，全球有近9300万残疾儿童。① 同残疾妇女一样，残疾儿童的权利遭受严重甚至更为严重的侵害。残疾儿童的生命、健康往往得不到保障，也常常面临着丧失教育机会、被禁锢在家的危险。在每个社会，残疾儿童都属于最弱势的群体之列。

在《公约》出台前，《儿童权利公约》是唯一明确保障残疾儿童权利的公约，但其重点关注残疾儿童及其家庭的经济援助需求，而没有涉及更为广泛的权利内容。同样的，在实践中，很多发展中国家仅把提供福利救济作为帮助残疾儿童及其家庭的做法盛行，这样的政策无法从根本上解决残疾儿童面临的困境。很多残疾儿童的公民权利和政治权利尤其值得关注。《公约》在《儿童权利公约》的基础上，强调要特别保护残疾儿童，以使残疾儿童能与其他儿童一样平等地享有一切人权和基本自由，弥补了《儿童权利公约》的不足。《公约》第4条"一般义务"规定中，《公约》要求缔约国实施《公约》要与残疾儿童协商，使他们积极参与。《公约》第7条关于残疾儿童的规定中，强调残疾儿童平等地享有和实现自由表达的权利，要求缔约国坚守儿童最佳利益的准则。

2.2.2 缔约国承担的一般义务

法律是设定义务和规定权利的行为规则体系，法律的存在最起码要使某种行为具有义务性。② 在国际人权法体系下，国家是最主要的义务主体，人权条约的实现程度取决于国家承担义务的意愿和努力。长期以来，联合国一直致力于推动人权事业的发展，逐渐完善国际核心人权条约体系，并且通过不断完善权利条款、明确义务内容、改良监督机制来促进国际人权条约在内国获得切实的实施。

《公约》特设委员会在起草公约过程中，充分考量其他人权条约的经验、教训，顺应联合国改革人权机制的潮流，重视《公约》的实际可操作性和实施效果。可以说，《公约》是对缔约国义务规定的最为详尽的人权公约。《公约》纳入了缔约国"一般义务"的条款，作为缔约国实施该《公约》的指导性准则，具有开创性的意义。"一般义务"，即这些义务是缔约国实施《公约》、保障残疾人权利所无法回避和不能减损的义务。第4条的规定可以促进缔约国建立完善的残疾人权利保障的总体框架。另外，在每一具体权利条文的规定之中，《公约》都明确指出缔约国为确保该项权利实现而应承担的义务和应采取的措施。第4条的"一般义务"规定与各项具体的义务措施共同构成了缔约国履行《公约》实施责任的一个完备的义务体系，将大大提高《公约》的实施效果。

---

① 联合国教科文组织网站，http：//www.unesco.org/new/en/education/themes/strengthening - education - systems/inclusive - education/people - with - disabilities/，最后浏览日期2020年4月12日。

② ［英］哈特：《法律的概念》，张文显，等译，中国大百科全书出版社1996年版，第212页。

第一，缔约国采取的一切措施，应当以消除本国内任何基于残疾的歧视为目标。为此，无论立法措施还是行政措施、发展方案、公共活动、私人行为等都应遵循尊重、维护残疾人人权的原则。积极支持可以促进残疾人充分参与社会的一切方案和计划，如提供无障碍信息，推广通用设计概念，开发适合残疾人的新技术，介绍辅助用品和辅助技术等。

第二，在实现残疾人的经济、社会和文化权利方面，《公约》沿用了以往《经济、社会、文化权利国际公约》的规定，指出缔约国应当尽量利用现有资源，并利用国际合作框架来促进相关权利的实现。一方面，这是一种有必要的灵活的安排，反映了当今世界的现实和任何国家争取充分解决经济、社会和文化权利所面临的困难。[1] 另一方面，此规定是缔约国尽可能迅速和有效履行义务的准则，而不是息于实施甚至退步的借口。

第三，《公约》要求缔约国保证残疾人、残疾儿童及其代表组织充分参与《公约》实施的全部进程。

第四，《公约》并未给残疾人群体创制新的人权，残疾人的许多权利都载于相关人权条约或法律、习惯之中。为有效衔接有关残疾人权利的规定，一般义务条款特别说明，缔约国应当采取最利于实现残疾人权利的做法，不得以本公约未承认或未充分承认这些权利或自由而加以限制或减损。

有关残疾人权利和缔约国义务的规定是《公约》的主体内容。每项权利规定之下都有对应的义务内容和实施措施，这在人权条约历史上是绝无仅有的。以一般义务为总纲和具体义务相结合的方式，构建了完备的缔约国义务体系。《公约》涵盖的缔约国义务体系是尊重、保护、实现残疾人权利的坚实保障。尊重，即要求缔约国不剥夺和限制残疾人的人权，可以看作是一种消极的义务，如尊重残疾人的受教育权利，不予妨碍和不当干涉。保护，意味着国家防止第三方侵害残疾人的人权，并且在侵害发生时，及时介入，对残疾人予以一定形式的救济。实现，是人权保障义务的最终目标和实质要求，是缔约国应承担的积极的义务，指的是国家的政治法律对残疾人的人权予以明确承认和保护，并且通过采取行政措施、司法措施等手段，使残疾人的权利在实践中得以实现，获得切实的利益效果。

缔约国的义务体系同时构成了《公约》实施机制的重要内容。本书第 4 章有关实施机制的内容将对缔约国义务作进一步的探讨。

2.2.3 残疾人的权利体系

《公约》作为专门保障残疾人人权的国际公约，坚守《世界人权宣言》及其

---

[1] 经济、社会和文化权利委员会第 3 号一般性意见：缔约国义务的性质 E/1991/23，第 9 段。

他人权条约一再重申的人权相互联系,不可分割的原则,涵盖了以往人权公约中所有的权利内容,是一部综合性的完整的人权公约。此外,基于残疾人的特殊需求,还囊括了对残疾人具有重要意义的特别权利。下文根据权利性质的分类,把《公约》规定的残疾人的各项权利从公民权利和政治权利以及经济、社会、文化权利两个维度进行分析。

2.2.3.1 残疾人的公民权利和政治权利

《公约》在已有人权公约的基础上,规定了14项残疾人享有的公民权利和政治权利。包括第10条生命权,第12条法律面前获得平等承认的权利,第13条获得司法保护的权利,第14条获得自由和人身安全权,第15条免于酷刑或残忍、不人道或有辱人格的待遇或处罚的权利,第16条免于剥削、暴力和欺凌的权利,第17条保护人身完整性的权利,第18条迁徙自由和国籍,第19条独立生活和融入社区的权利,第20条行动权,第21条表达意见的自由和获得信息的机会,第22条隐私权,第23条家居和家庭权利,第29条参与政治和公共生活的权利。下文将选取几项亟须关注的权利进行分析。

1. 生命权

生命权是一项最根本的人权,是其他一切权利实现的基础。《世界人权宣言》确认,人人有权享有生命、自由和人身安全。① 《公民权利和政治权利国际公约》《儿童权利公约》都规定了生命权的内容。② 残疾人当然享有生命权,然而现实中,他们的生命权利更易受到侵害。残疾人往往面临艰难的生存环境,贫困、疾病、医疗资源匮乏甚至遭受暴力、虐待的恶劣状况导致他们的生命权利无法得到充分保障。残疾儿童的处境更为严重,儿童基金会的研究数据显示,在一些国家,5岁以下儿童的死亡率下降到20%以下,但是残疾儿童的死亡率却仍高达80%。③ 历史上,许多国家都曾实行杀害或遗弃残疾儿童的做法。现今,仍有大量遗弃残疾儿童、放弃残疾儿童治疗而导致其死亡的事件。对残疾人生命权的漠视、侵害仍然深受传统观念的影响,而且许多国家缺乏有效保障残疾人生命权的法律制度,这些都导致残疾人特别是残疾儿童的生命权继续面临被侵犯的巨大风险。

《公约》把"生命权"置于残疾人权利体系的第一项。《公约》第10条规定,生命权是人类固有的权利,残疾人平等享有这一基本人权,缔约国应当采取

---

① 《世界人权宣言》第3条。
② 《公民权利和政治权利国际公约》第6条第1款规定,人人有固有的生命权,生命权应受法律保护,不得任意剥夺任何人的生命。此外,《儿童权利公约》第6条规定,缔约国确认每个儿童均有固有的生命权,缔约国应最大限度地确保儿童的存活与发展。
③ 《公约》前言。

一切必要措施保障残疾人的生命权。这说明，残疾人的生命同样神圣不可侵犯，同样受到法律的绝对保护。对于残疾人的生命权，缔约国承担的义务不仅限于尊重和保护，还应当采取一切必要措施确保其实现。为此，（1）缔约国应当采取立法措施，包括宪法和法律明确保护残疾人的生命权利。在司法实践中，依法严肃追究侵害者的法律责任，使其受到应有的惩罚。（2）生命权利一旦丧失就无法恢复，而残疾人的生命权利有现实的脆弱性，亟需缔约国采取特别保护措施予以预防性保护和特别保护。包括：提高社会保障水平，确保残疾人享有适足的生活；提供充足的医疗资源，使残疾人有权享有可达到的最高健康标准；采取适当措施防止对残疾人的剥削、暴力和凌虐。（3）保护残疾人的生命权利，提高社会公众的认识势在必行。提高公众包括家庭对残疾人固有尊严以及包括生命权在内的固有权利的尊重。通过宣传活动消除社会对残疾人的定见、偏见和有害做法。提高对残疾人能力和贡献的认识，禁止因残疾而否定残疾人能力、贡献和个人价值的做法。另外，《公约》首次规定了在危难情况和人道主义紧急情况下，残疾人获得保护和安全的权利。①

有许多国家的宪法囊括生命权的内容。《巴西宪法》第5条规定，巴西人和居住在巴西的外国人的生命、自由、安全、财产权等不受侵犯。秘鲁《政治宪法》在关于人民"基本权利"的规定中，写道"人人享有生命权、身心完整权，胎儿应享有基本的权利"。德国《基本法》第2条规定，每个人都享有生命权和人身安全权。这些宪法规定的生命权的权利主体是所有人，因此平等适用于残疾人，但均未特别提到保护残疾人的生命权。《公约》的生效开启了全球残疾人立法的高潮，目前已有超过一百多个国家和地区制定了残疾人权益保障的法律，但从内容来看，这些法律一般是反歧视立法，很少涉及生命权的保护。此外，各国《刑法》基本都规定有侵犯生命权的法律责任。

近年，一些国家和地区持续动荡，武装冲突不断升级，而且世界范围内自然灾害频发，这些紧急情况下，残疾人最易被忽略，难以得到及时和有效的救助。《公约》第11条要求缔约国在这些紧急情况下遵守国际人道主义法和国际人权法的义务，采取一切必要措施，确保残疾人的生命安全。在《公约》通过之前，没有任何一个国家的法律涉及这一规定。《公约》通过之后，2006-2011年间，各缔约国均没有将《公约》的此条内容纳入国家立法之中。②

2. 在法律面前获得平等承认

所有的人，都应在法律面前获得平等承认，这一权利早已为《世界人权宣

---

① 《公约》第11条。

② Compilation of Legislative Measures Undertaken in the Implementation of the Convention on the Rights of Persons with Disabilities: 2011 Update, CRPD/CSP/2011/CRP. 5.

言》和《公民权利和政治权利国际公约》所确认。《消除对妇女一切形式歧视公约》也要求各国承认妇女与男子在法律面前平等。由于身心功能存在损伤，残疾人的法律能力往往被剥夺或者被限制，他们的法律人格不被承认，因此缺乏自主决定相关事项和选择的能力与自由。即使权益被侵害，也难以获得有效的司法保护。各国普遍实行的监护制度使得残疾人要充分享有、实现法律面前平等承认的权利面临着很多困难。[1]

《公约》第 12 条规定，残疾人的法律人格获得承认，在生活的各方面平等享有法律能力，缔约国应当建立协助决策制度以使其能行使这一权利。第 12 条的规定是整个《公约》起草过程中最具争议性的内容之一。对于"法律能力"[2]（legal capacity）的内涵、"协助决策制度"的性质，以及保护平等法律能力所需的"正当程序"，各国进行了非常激烈的辩论。一些国家如中国、俄罗斯、伊拉克等认为"法律能力"应做限定解释，依据其本国法，应当理解为"法律权利能力"（legal capacity for rights）。而欧盟许多国家及加拿大等则认为"法律能力"还应包括"法律行为能力"（legal capacity to act），对其理解应当超越有限的国内法的视角而作出普遍性的解释。国际残疾人联盟也强调残疾人平等享有的法律能力包括行为能力，这对残疾人平等参与社会是必不可少的。特设委员会主席唐·麦凯（Don Mackay）建议，《公约》对"法律能力"的解释将采纳《消除对妇女一切形式歧视公约》里的定义。由残疾人权利委员会监督缔约国对本条的实践。《公约》要求缔约国采取适当措施，以协助残疾人能够切实行使法律能力，为此，各国应逐步改革以往的监护制度，由替代决定制度向协助决策制度转变。《公约》强调残疾人法律能力的核心是尊重其本人的权利、意愿和选择，而非所谓的"最大利益"原则。当然，缔约国应当确定正当程序，并且由司法机构或者其他独立的公正当局对协助决策的相关要素进行复核。另外，《公约》要求缔约国确保残疾人享有平等的财产权利和继承权。[3]

在实践中，残疾人尤其是心智障碍者的法律行为能力经常被剥夺或限制。许

---

[1] Janet E. Lord, Michael Ashley Stein, Prospects and Practices for CRPD Implementation in Africa (file from author for research), p. 12.

[2] 对于 Legal Capacity 的中文翻译，并没有统一的认识，如《公约》中文版本将其译为"法律权利能力"，笔者认为与《公约》第 12 条的本意是有出入的。此外还有"法律资格"的译法（参见［爱尔兰］杰拉德·奎因（Gerard Quinn）等编：《〈残疾人权利公约〉研究：海外视角（2014）》，陈博，等译，人民出版社 2015 年版，前言第 3 页。）"法律资格"在国内并不是常用法学术语，易引起误解。另外，残疾人权利委员会第 1 号一般性意见的中文版本译为法律能力。（残疾人权利委员会第 1 号一般性意见：在法律面前获得平等承认，CRPD/C/GC/1）。本书采"法律能力"的用法，其内涵包括法律权利能力和法律行为能力。

[3] Arlene S. Kanter, The Promise and Challenge of The United Nations Convention on The Rights of Persons with Disabilities, 34 Syracuse J. Int'l L. & Com. 287 (2006–2007), pp. 301–303.

多国家的法律规定对精神残疾人强制收治，例如，冈比亚的"疯子收治法"（Lunatics Detention Act），对精神残疾人进行强制治疗。大多数国家的法律对心智障碍者的法律权利予以不同程度的限制，例如，不得结婚、生育，不得担任陪审员、不得参加选举等。残疾人权利委员会强调法律能力与心智能力是完全不同的概念。指出许多国家基于心智障碍者决策技能的缺陷而剥夺他们作出决定的法律权利是歧视性的做法，要求各国为心智障碍残疾人行使法律能力提供协助，而不是简单、粗暴的剥夺或限制。残疾人权利委员会同时指出，协助决策与替代决策的监护制度有本质的不同，而许多国家对此没有正确的理解。《公约》第12条的规定对许多国家的现行法律都是一个巨大的挑战。残疾人权利委员会建议缔约国重点审查和改革其本国内关于监护方面的法律，废除民法方面不尊重残疾人法律能力相关人权的规范以及禁止残疾人行使某项职能的规范，包括民法中限制残疾人行为能力的条款，以及其他禁止残疾人参与选举、担任陪审员或作为证人的法律规定。①

协助是一个宽泛的概念，包括不同类型和不同强度的非正规与正规的协助安排，既包括人员的协助，也包括设施、环境方面的协助。② 协助决策的最终目的是保障残疾人获得法律平等承认，从而可以行使广泛的法律权利，提高自主决定的能力。因此，在影响残疾人自身权益的事务中，他们必须占据主导地位。③ 欧洲融合组织（Inclusion Europe）指出协助决策制度涵盖八项核心内容：（1）倡导和支持自倡导。（2）运用社会主流方式保护当事人最大利益，确保提供无障碍的服务和便利。（3）改革传统的监护制度，逐渐向支持性自主决策模式过渡。（4）对于日常生活的普通决定，尽量使用非正式的协助支持网络。涉及"核心并且重要的与法律相关的决定"时，再使用正式注册的支持者网络。（5）制定有关协助支持者确定和注册的法律制度，确保支持者经过了残疾人本人的授权。（6）确保沟通顺畅，必要时使用辅助性和替代性的交流方式。（7）采取措施预防和处理支持者与被支持者之间的冲突。（8）采取保障措施，确保为残疾人提供的支持与其实际需求是相称的。④

《公约》第12条有关"在法律面前获得平等承认"的规定，与《公约》倡

---

① 联合国人权事务高级专员办事处关于促进对《残疾人权利公约》的认识和了解的专题研究，A/HRC/10/48，第45－46段。

② 残疾人权利委员会第1号一般性意见：在法律面前获得平等承认，CRPD/C/GC/1，第13－17段。

③ 世界卫生组织：《世界卫生组织有质量的权利工具包：评估并改进精神卫生和社会保健机构的质量和人权》，第3页。

④ Robert D. Dinerstein："实施《残疾人权利公约》第12条中的'法律能力'"，陈博译，载精神病人权利网站，http：//www.mdrights.org/html/1191.html，最后浏览日期2020年4月12日。

导的残疾人个人自主和自立的精神以及确立的"尊重固有尊严和个人自主""充分和切实地参与、融入社会"的基本原则是一脉相承的。第 12 条的内容既包含平等和不歧视要求，又与残疾人获得司法保护、安全自由、人身完整、迁徙自由、独立生活、家居家庭、健康康复以及参与政治等权利内容密切相关。可以说，缔约国对《公约》第 12 条的实施，是实现残疾人最重要的人身权利、财产权利与政治权利的前提。否则，如果残疾人的法律能力不被平等承认，那么其决策能力、获得最大程度自立和充分参与社会生活的能力也必将受到极大的限制，最终不利于其权利和基本自由的实现。但如前文所述，在文本方面，对于"法律能力"的理解存在很大差异，而且监护制度的构建有其久远的历史传统和牢固的文化根源，那么在实践中，国内法以符合本国实情的合理方式实施本条，与条文主旨必然存在差别。即使残疾人权利委员会作出的第 1 号一般性意见即意在推动第 12 条的实施，已经引起一些学者的批评，也难以在各国获得完全实施。

3. 个人行动权利

残疾人的功能损伤往往影响其个人的行动能力。个人行动能力直接关系到个人的自主和自立，影响到自由选择的能力和独立生活、参与社会的权利。个人行动权利是残疾人享有的一项重要的特别的权利。对残疾人来说，要提高个人的行动能力，获得必要的辅助用具、技术和服务至关重要。《公约》第 20 条是专门保障残疾人行动权利的规定，要求缔约国采取有效措施来确保残疾人尽可能独立享有个人行动能力。首先，助行器具、辅助技术、服务等具有可获取性。这要求缔约国鼓励生产助行器具、用品和辅助技术的企业充分考虑残疾人行动能力的各个方面，提供满足残疾人行动需求的相关产品和服务。许多国家采取税收优惠措施或者提供相应补贴的形式来扶持此类企业的发展。针对残疾人对行动技能知识的需求，缔约国还应当向残疾人和专门协助残疾人的工作人员提供行动技能培训，例如，为盲人提供定向行走技能的培训。其次，确保助行用具、技术的可负担性。《公约》要求以低廉的费用为残疾人提供优质的助行器具、辅助技术以及各种形式的现场协助和中介。其中包含了要有一定的辅助器具及服务的相关标准来保证这些器具和服务达到较高质量的要求。再次，《公约》充分考虑到残疾人的现实状况，强调这些行动辅助服务的低廉、可负担。最后，《公约》强调满足残疾人实现个人行动能力的服务应当具有灵活性及可选择性，即能保障残疾人自主选择的权利，如按照自己选择的方式和时间，享有个人行动的能力。

残疾人要实现行动权利，应当获得平等使用交通运输服务的机会。航空、铁路、公共汽车等运输服务平等向残疾人开放，禁止基于残疾的歧视。例如，欧盟的相关法规，禁止航空承运人基于残疾拒绝接受一个人的预订或搭乘飞机。而且行动受限的人在机场和飞机上，都能得到免费的协助服务。另外，行动受限的人乘坐长途火车、船舶或汽车时，在上下车（船）、换乘车（船）及在车（船）

上，都有权得到免费支持。① 另外，许多国家的公共交通实行对残疾人乘客免费或者优惠的政策。在保障残疾人个人行动能力方面，还应充分考虑残疾人的个别化需求，提供个别化的资助服务。对此，缔约国应制定详尽的法律法规，确保每个残疾人的行动权利都得到法律的全面保护。例如，韩国《交通弱势群体移动便利增进法》要求地方政府运行配有轮椅登机设备的特别运输小组（称之为"残疾人电召出租车"），为包括出行严重困难的重度残疾人提供专门支持。② 对于盲人而言，利用导盲犬助行也是行动权利的一项内容。导盲犬属于工作犬，被誉为"盲人的眼睛"，能极大提高盲人的行动能力。统计显示，2008 年全球共有 2.5万只导盲犬，主要分布在欧美、日本等发达国家。对于盲人使用导盲犬可能遇到的一系列问题，如导盲犬的训练、认证，导盲犬进入公共交通工具和建筑，公众对导盲犬的认识等诸多问题都需要相应的法律框架予以规制。目前，美国、日本、韩国、加拿大、等 30 多个国家出台了涉及导盲犬的立法。美国《残疾人法》明确规定，允许盲人携带导盲犬进入商店、饭店、办公楼、出租车、公共汽车以及其他公共区域。笔者根据美国各州的相关立法，统计出有 35 个州的法律含有涉及导盲犬的相关规定。③ 日本《身体障碍者辅助犬法》对导盲犬的认证、考核及公共交通设施的准入都作出了详尽的规定。韩国《禁止歧视残疾人及补救法》规定，干扰导盲犬的使用也属于该法禁止的歧视行为。加拿大《助行动物法》详细规定了残疾人使用助行动物的权利，规定违背该法构成侵权，被处不超过200 美元的罚款。而巴西在履行《公约》第 20 条规定的义务时，在《促进残疾人权利国家计划》中特别列入导盲犬相关的项目，在全国设立五个导盲犬技术中心，指导导盲犬训练员，建设导盲犬中心。④

　　无障碍的环境有利于残疾人行动权利的实现。公共交通系统存在的物质障碍严重阻碍了残疾人的行动能力。即使公共交通服务允许残疾人使用，但如果缺乏无障碍的设施，残疾人实际上仍面临出行方面的重重困难。另外社区环境和公共场所没有实现无障碍，残疾人难以走出家门，享用社区服务和设施以及独立进行一些基本的生活活动，他们的行动仍然处处受限。此外，网络和通信技术的发展大大提高了人类的行动能力，扩大了人类的活动范围。让网络信息和通信技术能为残疾人充分所用，并作为增强他们行动能力的一个途径，是各国亟须采取有效

---

① 德国《残疾人权利公约》实施情况的初次报告，CRPD/C/BRA/1，第 163 - 164 段。
② 大韩民国《残疾人权利公约》执行情况的初次报告，CRPD/C/KOR/1，第 90 - 97 段。
③ Guide Dogs for the Blind, http：//www.guidedogs.com/site/PageServer? pagename = education_guidedoglaws，最后浏览日期2020 年 4 月 12 日。
④ 巴西《残疾人权利公约》实施情况的初次报告，CRPD/C/DEU/1，第 157 段。

措施予以保障的事项。①

4. 尊重家居和家庭权利

在任何社会,家庭作为天然的和基本的社会单元,受到国家和社会的保护。对大多数残疾人来说,家庭是最主要的生活场所,有最密切的人际关系。家居和家庭权利对残疾人尤其是残疾儿童而言,有着特别重要的意义。然而在历史上,残疾人的婚姻、家庭、生育权利都曾遭受严重的侵犯。特别是20世纪在许多国家盛行的优生学思想,直接催生了大批剥夺残疾人婚姻权、生育权的法律。以美国为例,自1907年印第安纳州率先制定绝育法,对包括智力障碍残疾人在内的人实施强制绝育开始,在十几年间,美国有24个州都制定了类似的绝育法。②人们所熟知的1927年巴克诉贝尔案,大法官霍姆斯"三代痴呆已经够了"的言论,代表了彼时社会对残疾人生育权利的普遍观点。另外,大量的残疾人被隔离在专门机构中接受治疗或者照料。隔离机构恶劣的生活条件以及肆虐的暴力侵害直接成为美国残疾人"去机构化"、回归家庭运动的导火索。然而直至当下,在家居、家庭生活方面,社会对残疾人的歧视、偏见和定见仍然根深蒂固。对残疾人特别是残疾妇女和女童强制绝育的做法仍在继续。联合国儿基会于2004年在印度奥里萨邦的一项调查显示,有6%的女性被强制实施了绝育手术。③由于强制治疗制度以及传统监护制度的实行,大量精神残疾人被强制带离家庭,隔离在治疗机构。在婚姻立法方面,缺少对残疾人在婚姻中实际不利地位的考量,因而缺乏对其权益的特别保护。尤其应当指出的是,心智障碍者在实现婚姻权方面面临更多的法律困境。许多国家的法律明确禁止心智障碍者结婚。即使在宣称婚姻权平等的国家和地区,对于心智障碍者人群来说,缔结婚姻的"自由和完全同意"的法律要件,缺乏判断标准和程序,现实中不具有可操作性,他们的婚姻权实际上不能得到法律的保障。

在《公民权利和政治权利国际公约》中,人的家庭权利、缔结婚姻的权利就得到确认。④《标准规则》明确承认残疾人在性关系、婚姻和做父母方面享有平等的权利,不因残疾而受到歧视。⑤《公约》第23条在以往人权条约的基础上对残疾人的家居、家庭方面的权利作出了详细的规定。

第一,根据《公约》的规定,家居和家庭方面的权利主要包括缔结婚姻、

---

① Anna Lawson, The United Nations Convention on The Rights of Persons with Disabilities: New Era or False Dawn? 34 Syracuse J. Int'l L. & Com. 563 (2006 – 2007), pp. 600 – 601.

② 王贵松:"我国优生法制的合宪性调整",载《法商研究》2011年第2期。

③ Factsheet on Persons with Disabilities, http: //www.un.org/disabilities/default.asp? navid = 34& pid = 18,最后浏览日期2020年4月12日。

④ 《公民权利和政治权利国际公约》第17条,第23条。

⑤ 《标准规则》,规则9。

建立家庭、平等享有家庭生活、生育子女、保有性关系的权利。针对许多国家的现行法律存在与《公约》第 23 条规定不符的情况，缔约国迫切需要审查本国的法律、行政和其他政策，采取适当措施，包括立法、修订或废止歧视残疾人的相关法律、法规、习惯和做法，以消除妨碍残疾人获得家居家庭权利的制度性障碍，确保残疾人能平等享有和实现《公约》第 23 条所包含的一切权利。例如，在婚姻权方面，除废除禁止残疾人结婚的规定之外，还应制定针对性的可操作的具体规定，用以承认和强化对残疾人婚姻权的保障。根据《公约》的相关规定，改革现有监护制度，建立协助决策制度对于保障残疾人特别是心智障碍者的婚姻权具有现实意义和积极作用。强化对残疾人的司法保护，对侵害残疾人家居家庭权利的行为追究法律责任，对受害人予以有效救济，发挥司法在维护残疾人家具家庭权利方面的重要作用。此外，提高社会对残疾人家居家庭权利的尊重意识，消除有害的态度障碍，为维护残疾人相关权利创造良好的社会条件和氛围。针对残疾人所面临的现实困难，国家应当采取特别的保护措施来确保他们的权利获得充分实现，包括特殊保护立法、优惠政策、信息服务、特别支助等。

第二，《公约》第 23 条第 2 款对残疾人的生育权利和生育自由予以确认和保护。"残疾人自由、负责任地决定子女人数和生育间隔，有权获得适龄信息、生殖教育和计划生育教育"。《公约》出台前，特设委员会对这一条款的争论没有停止过。美国对这一条款最为关切，认为该条款默认允许流产，与美国国内立法和司法实践不符合，这一认识也成为美国国会迟迟不批准《公约》在其国内生效的重要原因。[①] 在生育权条款的讨论阶段，特设委员会明确指出，《公约》所指的残疾人的生育权利不包括流产，而且残疾人生育权的条款也不包含创制流产的权利，更不能被解释为支持、默许和鼓励流产，要求各国应当遵守特设委员会的这一解释，不得提出不同的理解。获得生育健康是一个整体概念，本条款还要求缔约国确保残疾人有同等机会获得计划生育方法，无障碍地获得关于性健康和生育健康的知识。[②]

第三，特别保护残疾儿童的权利。《公约》第 23 条规定，在家居家庭方面，应当坚守儿童最佳利益的原则。儿童的最佳利益包含了三个层面的内涵。其是一项实质性权利，各国处理利益冲突时必须把残疾儿童的最大利益作为基本的评判、标准；其是一项基本的解释性法律原则，若一项法律条款可作出一种以上的解释，则应选择可最有效实现儿童最大利益的解释；其是一项行事规则，在作出

---

① 参见美国司法部网站，http://www.usdoj.gov/crt/ada/newsltr0107.htm，最后浏览日期 2020 年 4 月 12 日。

② Arlene S. Kanter, The Promise and Challenge of The United Nations Convention on The Rights of Persons with Disabilities, 34 Syracuse J. Int'l L. & Com. 287 (2006–2007), p. 305.

一项牵涉残疾儿童权益的决定时，必须全面衡量该决定可能带来的正面及负面的影响，建立对儿童最大利益的评判和确定所应具备的程序性保障。① 在保护残疾儿童家居家庭权利方面，缔约国采取的一切措施都应当以残疾儿童的最佳利益作为出发点和基本准则。维护残疾儿童的身心完整性，保留残疾儿童的生育能力。对残疾儿童及其家庭提供关于防止性凌虐和其他虐待方面的知识。《公约》还规定，残疾儿童在有关监护、监管、领养等制度方面享有同等权利。儿童有权与父母共同生活，不得以残疾为由使儿童非自愿与父母分离。而且《公约》指出，残疾儿童在家庭也有被隐藏、被遗弃、被忽视和被隔离的风险，因此缔约国应当以残疾儿童的安全、保护和照料作为首要考虑，建立预防、处理残疾儿童家庭暴力的机制。为残疾儿童及其家庭提供全面的信息、服务和支持，建立多方力量参与的协助支持机制非常重要。要实现残疾儿童的最佳利益，还必须保障残疾儿童的参与权，确保他们就一切影响本人的事项自由表达意见，并且对他们的意见予以充分的考量。

2.2.3.2 经济权利、社会权利和文化权利

《公约》关于残疾人享有的经济、社会和文化权利包括6条，分别是：第23条受教育权，第25条健康权，第26条适应训练和康复的权利，第27条工作和就业的权利，第28条获得适足的生活水平和社会保障的权利以及第30条参与文化生活、娱乐、休闲和体育活动的权利。

在《公约》起草过程中，各国围绕经济、社会和文化权利的讨论极为激烈。发展中国家一般倾向重点保障残疾人的经济、社会和文化权利，而一些发达国家，更关注残疾人的公民权利和政治权利。关于经济、社会文化方面的权利，《公约》重申《经济、社会、文化权利国际公约》以及《儿童权利公约》的相关规定，指出国家有义务最大限度利用现有资源，在国际合作框架内逐步实现这些权利。② 各国应切实采取各项措施，包括落实经济、社会文化方面的权利的进度计划，权利保障的最低限度以及权利实现的具体指标。各国不得以任何理由减损其国民已经享有的各项权利。不论经济、社会文化方面的权利的实现程度如何，应当禁止任何基于残疾的歧视，确保残疾人平等享有每一项经济、社会文化方面的权利。③ 下文将选取几项重要的经济、社会文化方面的权利予以分析。

1. 受教育的权利

受教育是一项基础性的权利，是实现其他权利不可或缺的手段。然而从世界

---

① 联合国儿童权利委员会第14号一般性意见：儿童将他/她的最大利益列为一种首要考虑的权利，CRC/C/GC/14，第12段。

② 《公约》第4条第2款。

③ 残疾人权利公约的监测工作：人权监测员指南，HR/P/PT/17，第25－26页。

范围来看，残疾人的受教育状况令人担忧。社会对残疾人教育的消极认识导致残疾人长期在隔离的教育系统接受特殊教育，即使进入主流学校，由于缺乏必要的支持，他们也处于教育系统的边缘。[1]在一些发展中国家，残疾儿童的入学率介于1%~5%之间。即使在欧洲，一些国家残疾儿童的入学率在60%以下，远低于健全儿童90%以上的入学率。世界健康调查报告显示，残疾人完成小学教育的比率以及受教育的年限与非残疾人相比，差别较大。[2]残疾儿童在入学以及学业进步方面往往很难与健全儿童有同样的水平。[3] 残疾人不能充分获得教育，又反过来影响他们的职业技能和谋生能力。[4]

1948年《世界人权宣言》首次提出，受教育权是一项普遍人权。[5]《经济、社会、文化权利国际公约》重申人人享有受教育的权利。[6] 从18世纪开始，专门为残疾人提供教育的特殊机构开始出现并不断发展。受社会经济发展和残疾人权利运动的影响，残疾人的教育问题在20世纪后半叶得到国际社会的重点关注。而且自20世纪80年代开始，让残疾人进入主流教育的融合教育制度逐渐成为残疾人教育的主流。1989年《儿童权利公约》申明，所有儿童平等享有权利，不因残疾而有所差别。而且为使得残疾儿童能有效获得和接受教育，应当对其提供特别的援助。[7] 1993年《标准规则》要求各国保证残疾人能在混合班的环境中接受教育。[8] 1994年世界特殊教育大会发布的《萨拉曼卡宣言》明确提出让残疾儿童进入普通学校学习。2000年《达喀尔全民教育行动纲领》强调，教育系统必须接纳所有儿童，并以灵活方式适应所有学生的情况和需要。2005年联合国教科文组织发布的《包容性指南》强调，融合教育的核心是受教育方面的人权。2006年，《公约》在以往人权条约基础上，对残疾人教育制度作出了全面具体的规定。

第一，《公约》确认残疾人的平等受教育权利。要求缔约国提高社会包括家

---

[1] 参见联合国教科文组织网站，http://www.unesco.org/new/en/education/themes/strengthening-education-systems/inclusive-education/people-with-disabilities/，最后浏览日期2020年4月12日。
[2] Susan J. Peters, Inclusive Education: An EFA Strategy for All Children (2004), World Bank, available at, http://siteresources.worldbank.org/EDUCATION/Resources/278200-1099079877269/547664-1099079993288/InclusiveEdu_efa_strategy_for_children.pdf.
[3] World Health Organization and World Bank, World Report on Disability 29 (2011), available at, http://www.who.int/disabilities/world_report/2011/report/en/.
[4] Mitra, S., Posarac, A., Vick, B. Disability and poverty in developing countries: a multidimensional study. World Development, (2013) p.41.
[5] 《世界人权宣言》第26条。
[6] 《经济、社会、文化权利国际公约》第13条。
[7] 《儿童权利公约》第2条，第23条。
[8] 《标准规则》，规则6。

庭对残疾人接受教育的认识。人人都有学习的能力和愿望，学习的内容非常广泛，学习的方法多种多样，不能因残疾人的特殊学习需求而否认他们获得教育的权利。教育能够开发潜力，使人获得个性、才智和身心能力方面最大化的、全面的发展。教育的工具性作用，对残疾人来说意义更为重大，教育不仅能增强他们的个体能力，改变不利的处境，还有助于消除人们的陈腐观念，促进制度变革，推动社会发展。《公约》要求缔约国在消除歧视和保证机会均等的情况下为残疾人提供优质的融合教育，使残疾人学习生活和社交技能，以最终实现平等参与教育以及融入社会的目标。

第二，《公约》规定，为保障残疾人在不受歧视和机会均等的情况下实现受教育的权利，应当实行包容性教育制度（融合教育）。换言之，《公约》规定的残疾人的教育权实际上是强调残疾人获得融合教育的权利。[1] 作为第一项明确规定融合教育的有法律约束力的人权条约，《公约》在世界范围内确立了残疾人教育的标准。《公约》规定，各级普通教育系统必须平等地向残疾人开放，不得因残疾而把他们排除在外。残疾人不因残疾被排拒于免费和义务初等教育或中等教育之外，能在不受歧视和与他人平等的基础上获得高等教育、职业培训、成人教育和终生学习。

联合国教科文组织把融合教育视为解决和应对所有学生多样化需求的途径以及破除隔离和歧视的可靠平台。融合教育不仅是保障残疾儿童实现受教育权的最佳途径，也是他们融入主流社会的起点。融合教育有助于健全儿童可以认识多样性和差异，树立平等包容、尊重权利的意识。融合教育改变原有的隔离教育与普通教育并行的两套教育体统，减少建设和维持特殊教育学校的巨大财政投资，最大限度地利用教育资源来教育大多数儿童。[2]

在融合教育实践较好的地区，如加拿大新布伦瑞克省，所有的残疾儿童都在普通学校接受教育。该省的融合教育取得了显著成效，据经合组织报告，在所统计的年份中，新布伦瑞克地区的标准英语和数学成绩在加拿大名列前茅，同时也是毕业率最高的省份之一。[3] 意大利有98%的残疾儿童，包括重度和多重残疾儿童在普通学校就读，有40%～50%能够在适龄期接受高中教育。[4] 在英国，特殊教育学校与普通学校并存的双轨制的教育体系已经基本实现融合，超过98%的

---

[1] 《萨拉曼卡宣言——关于特殊需要教育的原则、政策与实践》，第8段。

[2] World Health Organization and World Bank, World Report on Disability (2011), available at http://www.who.int/disabilities/world_report/2011/report/en/.

[3] Richard Rieser, Implementing Inclusive Education—A Commonwealth Guide to Implementing Article 24 of the UN Convention on the Rights of People with Disabilities, London: Commonwealth Secretariat, 2008, P. 96.

[4] UNICEF: Innocenti Digest No. 13—Promoting the rights of children with disabilities 2007 p. 29.

残疾儿童在普通学校就读。①

第三,为残疾人提供"合理便利"是实现融合教育的关键。教育方面的合理便利是指根据残疾人的具体需要,在不造成过度或不当负担的情况下,对教育的各个环节进行必要和适当的修改和调整。残疾人的具体需要,既包括学习需要、交流需要、情感和社会需要,也包括身体和安全的需要。"合理"的判断标准,因残疾人个体差异以及个人在不同发展阶段的需求差异而有所不同。但是,必须考虑的因素包括:个人的实际需要;提供便利所需的费用;健康和安全风险;对其他人和其他项目的影响等。②

"合理便利"一是要求为残疾学生制定个别化的教育计划,基于对残疾学生各方面能力的科学评估,以最大限度发展残疾学生的能力为目标,学生本人及家长、教师、专业医师等人员共同参与制定。二是要求为残疾学生建立全面的支持体系。合理便利的要求贯穿于所有的教学活动中,例如,残疾学生所在班级调整规模,教师改良教学方法、开展一对一的辅导等。推广伙伴助学的方式,使残疾学生得到同侪支持。获得专业的医疗、康复服务,包括必要的心理辅导。发挥家庭、社区在促进残疾人全面发展、融入社会生活方面的重要作用。三是要求学校的管理与秩序方面作出合理调适。一些残疾学生存在行为、认知等方面的障碍,严格执行学校纪律守则对他们很可能是不公平的。如果残疾是造成学生纪律问题的原因,应当及时采取措施,对其进行有效的针对性的支持。四是要求定期评估残疾学生的特殊教育需求,适时调整便利措施。残疾学生的能力是不断发展的,其特殊教育需求在不同阶段也会变化,对便利措施的调适非常必要。"合理便利"作为反歧视的核心要素,其内涵已超越对物质条件、环境进行改造的需要,还呼吁制度、态度等层面的变革,其外延伸展至教育的外围领域,凡是有利于残疾人发展的服务与支持都应纳入进来。在实行融合教育制度的国家,特别重视为残疾学生提供便利和支持,如芬兰实施的《基础教育法》,规定必须为残疾学生充分参与教学活动提供免费的手语翻译和其他援助服务。还有许多国家,如智利、挪威和西班牙将原有的特殊教育学校转为融合教育的资源中心,为主流学校开展融合教育提供支持。③

第四,融合教育要求缔约国对教育系统的全面改革,包括在教师聘用方面,为残疾人提供有资格以手语、盲文教学的教师,包括残疾教师。残疾教师自身是

---

① 邓猛:《融合教育与随班就读:理想与现实之间》,华中师范大学出版社 2009 年版,第 62 页。
② New Brunswick Human Rights Commission (2007): Guideline on Accommodating Students with a Disability, pp. 10–15.
③ 经济、社会和文化权利委员会第 13 号一般性意见:受教育的权利,E/C.12/1999/10,第 60 段。

融合教育的受益者，也是融合教育的践行者，他们对构建多元的校园文化，培养尊重残疾人的意识，提高残疾学生的自尊、自信都有积极的影响。

《公约》第 24 条规定的残疾人受教育权利的实现，还有赖于其他条款的实施，如缔约国应当贯彻执行《公约》第 3 条规定的一般原则，以及按照第 9 条"无障碍"的规定，建设无障碍的校园环境，提供无障碍的校园交通服务，为残疾学生进入学校、充分融入校园生活提供条件。另外，融合教育制度的实行与《公约》第 19 条残疾人"独立生活和融入社区"的规定密切相关，两者都集中体现了打破障碍和隔离的要求，《公约》要求残疾人在社区内获得融合教育，既有助于提高独立生活和融入社区的能力，也能充分利用社区服务和资源保障和促进融合教育的效果。

2. 健康权

健康权是行使其他人权不可或缺的一项基本人权。每个人都有权享有能够达到的、有益于体面生活的最高标准的健康。健康权在很多国际文书中得到承认。《世界人权宣言》规定，所有人有权保有一定的生活水准以维持他本人和家属的健康。① 《经济、社会、文化权利国际公约》对健康权作出了全面的规定，人人有权享有能达到的最高的体质和心理健康的标准，又进一步规定了缔约国为实现这项权利应采取的步骤。② 此外，涉及健康权国际公约还有《消除一切形式种族歧视国际公约》《消除对妇女一切形式歧视公约》以及《儿童权利公约》。③ 由国际人权法对健康权的重点保障可以看出健康权对个人的极端重要性。对残疾人而言，健康权至关重要。然而，几乎在世界所有地区，残疾人的健康权实现都面临着重重困难。在一些地区，残疾人被剥夺了基本的医疗权利，难以同健全人一样平等地获得健康服务和资源。许多国家没有完备的医疗保健政策、医疗保险制度。还有许多发展中国家和地区医疗资源极其匮乏。残疾与贫穷如影随形，使大量残疾人缺医少药，对医疗服务难以企及。医疗机构没有无障碍的设施和信息，残疾人难以获得所需的服务。④

《公约》第 25 条规定了残疾人的健康权，采纳了《经济、社会、文化权利国际公约》关于最高健康标准的规定。健康权，并不是身体健康的权利。从广义来说，健康权既包括健康权利也包括健康自由。健康权利是一项享用有益于实

---

① 《世界人权宣言》第 25 条。
② 《经济、社会、文化权利国际公约》第 12 条。
③ 经济、社会和文化权利委员会第 14 号一般性意见：享有能达到的最高健康标准的权利，第 2 段。
④ Janet E. Lord, Michael Ashley Stein, Prospects and Practices for CRPD Implementation in Africa (file from author for research), p. 10.

现最佳身心健康的设施、商品、服务和条件的权利。① 健康自由主要指的是掌控自己的身体和健康状况的自由，包括在性和生育方面的自由，以及身体和健康不受非法干涉的自由，如不受酷刑或残忍、不人道的待遇，不受暴力、凌虐，不被强制治疗或节育，不遭受强制医学或科学试验等。"最高健康标准"的概念在《公约》起草阶段曾引发热烈的讨论。《公约》没有对"最高健康标准"进行界定，只作出了框架性的规定。（1）无论缔约国的医疗卫生状况如何，残疾人享有同健全人一样的健康标准，不因残疾而受到任何差别对待。（2）"最高健康标准"的具体实施要考虑到缔约国的社会经济状况，掌握的资源以及个人具体的生理状况。国家不能保证每个个体的健康状况，因其还受遗传因素、个人体质、生活方式等诸多方面的影响，但国家必须保障残疾人为获得最大程度的健康所需的医疗服务和资源具有可获取性、可负担性。② （3）"享有最高健康标准"，不仅适用于身体健康，也同样适用于心理和精神健康。精神健康权是健康权的重要内容。据统计，精神疾病和行为失常在全球疾病负荷中占到12%。传统的对精神残疾人的污名化导致许多国家忽视人们的精神健康需求，对精神健康事业投入严重不足，大多数国家用于精神健康的预算还不到其保健支出总额的1%。精神保健和支助服务往往不在医疗保险范围内。超过40%的国家没有制定精神保健相关的政策。简言之，精神健康是健康权中最易被忽视的内容。世卫组织建议缔约国提供社区为基础的精神健康服务，为享有最高健康标准创造最小限制的环境。然而，许多国家对精神健康服务有不正确的认识，单纯依赖大型精神病院等隔离机构来提供治疗和服务。③ 另外还有普遍存在的精神健康服务机构少、离家远、费用高、治疗效果差等问题。精神残疾人由于在隔离机构进行治疗，他们无法与家人共同生活或者社区生活、工作，被剥夺了享有家庭生活和参与社区的权利。在许多发展中国家，由于没有可获得的社区服务和社会住房，精神残疾人即使出院后也往往无家可归，更深地陷入社会边缘地位。精神残疾人依然是各个社会中处于最边缘地位和最易受伤害的群体之一。④《公约》第25条要求缔约国就近在残疾人所在社区，为残疾人提供免费、低廉的保证质量的医疗保健服务和方案。在医疗保险和人寿保险方面为残疾人提供平等的公平合理的服务。

---

① 人人有权享有最佳身心健康问题——特别报告员保罗·亨特提交的报告，E/CN.4/2005/51，第32段。
② 经济、社会和文化权利委员会第14号一般性意见：享有能达到的最高健康标准的权利，第8-9段。
③ Janet E. Lord, Michael Ashley Stein, Prospects and Practices for CRPD Implementation in Africa (file from author for research), p. 3.
④ 人人有权享有最佳身心健康问题——特别报告员保罗·亨特提交的报告，E/CN.4/2005/51，第6段。

《公约》特别规定了残疾人有权获得性健康和生殖健康方面的服务,具有开创性的意义。长期以来,残疾人在性和生殖方面的权利与自由几乎被完全忽略。尤其是心智障碍的残疾妇女,最易成为强迫绝育、性暴力的受害者。《公约》要求缔约国提供的医疗卫生服务考虑到性别因素,加强对残疾妇女的保护。缔约国应当在性健康和生殖健康相关的方案、项目充分考虑到残疾人的需要,使相关的信息和服务能为残疾人所用,包括计划生育、早孕危险、防止性传染疾病、艾滋病等,以保障残疾人在性健康和生育健康方面的权利。在性健康和生殖健康服务方面,缔约国还应遵守保密和保护隐私的原则,关注偏远地区、农村地区残疾人的需要。保障相应服务的可提供,即性健康、生殖健康服务、商品和设施数量充足。保障相应服务的可获得性,在地理上以及经济上都能被残疾人平等获取,不受歧视。保障相应服务的可接受性,即在文化和观念上能被残疾人群体接受。还应保障优良质量,符合科学和医学上的标准。[1] 然而在实践中,残疾人往往成为性健康和生殖健康方案的"隐形"群体。以艾滋病为例,很多国家开展的艾滋病预防宣传项目都没有纳入残疾人。人们认为残疾人难以有性行为和接触毒品的机会,想当然地忽略他们的现实需求,造成他们实际成为防治艾滋病的脆弱群体和边缘群体。目前在非洲开展的相关项目也有良好的案例,例如,在坦桑尼亚和莫桑比克,其国内的残疾和艾滋病组织联合康复国际制定了宣传材料,为残疾人专门提供包含艾滋病内容的信息。[2]

《公约》第 25 条除规定了缔约国尊重残疾人健康权、保护其健康权不受侵害及采取一切措施确保残疾人健康权实现之外,还规定了医护人员和医疗机构所负的义务。医护人员直接为残疾人提供医疗服务,提高他们的服务质量、职业道德及对残疾人人权、尊严、自主和需要的认识是保障残疾人健康权实现的重要因素。禁止医疗机构或其他机构和人员基于残疾的歧视而拒绝为残疾人提供医疗保健或医疗卫生服务。此外,如前所述,健康权与人身自由、治疗自由密切相关,缔约国负有保障残疾人在知情同意情况下接受治疗的权利,并且不受任何强制治疗和医学、科学试验。残疾人在精神治疗机构的人权状况尤其应受到缔约国的重点关注。残疾人健康权的实现还与获得适足的生活水平和社会保护,与获得康复服务等密切相关。

3. 工作和就业的权利

工作权是一项基本人权,是实现其他许多人权的基础,是人的尊严不可分割

---

[1] 人人享有能达到的最高标准的身心健康的权利——特别报告员保罗·亨特提交的报告,E/CN. 4/2004/49, 第 39-41 段。

[2] Janet E. Lord, Michael Ashley Stein, Prospects and Practices for CRPD Implementation in Africa (file from author for research), pp. 10-11.

和固有的一部分。每一个人都应有机会在自由、公平、安全和有人格尊严的条件下获得生产性就业。国际劳工组织 2007 年发布的残疾人就业调查报告称，全世界约有三亿八千六百万适龄工作的残疾人。虽然各国的残疾人就业率存在差异，但在大多数国家，残疾人的失业率要远高于健全人。① 在有的国家，通过各种途径就业的残疾人还不到 1/5。甚至在有的国家，残疾人就业率仅为 0.1%。在发达国家，例如美国，只有 1/3 的适龄残疾人获得就业。②

《世界人权宣言》确认，人人有权工作、自由选择职业、享受公正和合适的工作条件并享受免于失业的保障。③《经济、社会、文化权利国际公约》从广义上阐释了工作权的内涵，它通过承认人人有权享受公正或良好的工作条件，尤其是有权享有安全和卫生的工作条件，扩大了个人工作权的内涵。《经济、社会、文化权利国际公约》还涵盖了集体工作权的内涵，阐明人人有权组织工会和参加其选择的工会，工会有权自由地进行工作。另外，《公民权利和政治权利国际公约》（第 8 条）、《消除一切形式种族歧视国际公约》（第 5 条）、《消除对妇女一切形式歧视公约》（第 11 条）、《儿童权利公约》（第 32 条）以及《保护所有移徙工人及其家庭成员权利国际公约》（第 11、25、26、40、52 和 54 条）都对普遍的工作权作出了相应的保障。④

在第二次世界大战期间，国际劳工组织于 1944 年发布了《就业〈战争向和平过渡〉建议书》，明确提出残疾人享有工作权利，包含了特殊扶助措施、优先就业、职业培训等内容。尽管彼时对残疾人就业权的认识还不太充分，该文件对残疾人就业权的规定存在一些认识和表述上的问题，但仍成为之后相关国际文书、公约和国内立法的重要指引和参考。1983 年国际劳工组织通过了第 159 号《残疾人职业康复和就业公约》和 168 号《残疾人职业康复和就业建议书》，明确提出残疾工人和其他工人之间、男女残疾工人之间的平等机会原则，对残疾人的特别措施不应认为是对其他工人的歧视等。这两项国际文书是世界各国消除残疾人就业歧视、加强残疾人就业权利保障的重要参考标准。此外，《公约》出台前的国际条约，如 1971 年《权利宣言》、1975 年《残疾人权利宣言》、1982 年《行动纲领》、1993 年《标准规则》等国际文书中都有关于残疾人就业的专门规

---

① Mitra, S., Posarac, A., Vick, B. Disability and Poverty in Developing Countries: A Multidimensional Study. 41World Development1 (2013), p. 18.
② "残疾人与体面工作"，见联合国网站，http://www.un.org/chinese/events/Enable/2007/facts.shtml，最后浏览日期 2020 年 4 月 12 日。
③《世界人权宣言》第 23 条。
④ 联合国人权事务高级专员办事处关于残疾人工作和就业问题的专题研究报告，A/HRC/22/25，第 3 – 5 段。

定。①《公约》在以往人权条约保护工作权的基础上，特别是有关残疾人工作权规定的基础上，对残疾人的平等就业权予以确认，详细规定了缔约国保障残疾人工作权的义务，成为各国保障残疾人就业权最详尽、最全面、最权威的指导准则。

《公约》第 27 条规定的工作权利，以促进残疾人与其他人平等地在开放的、包容性的、无障碍的劳动力市场和工作环境中享有自由选择或接受工作为目标。为达到这一宏伟目标，《公约》详细列举了缔约国应当承担的 12 项义务，下文将从几个方面概括论述。

第一，在工作和就业领域，绝对禁止基于残疾的歧视。就业领域是残疾歧视的"重灾区"，《公约》要求缔约国采取包括立法在内的适当措施，在一切形式就业的一切事项上，包括在征聘、雇用和就业条件、继续就业、职业提升以及安全和健康的工作条件方面，禁止基于残疾的歧视。简言之，与工作相关的任何事项都要贯彻不歧视的一般原则而且对违背该原则的行为赋予残疾人申诉的权利，国家依法对其予以追究。工作领域的歧视根深蒂固，形式多样，为此，不仅要消除直接把残疾人排斥在劳动力市场的歧视，还要消除形式平等但实际损害残疾人平等就业机会的间接歧视。另外，根据《公约》的相关规定，拒绝提供合理便利也是歧视行为。许多国家通过制定工作领域的反歧视法来确保残疾人进入劳动市场，获得平等的就业权利。如澳大利亚禁止一切领域的残疾歧视，修订了《残疾人就业法》，加入了反歧视的内容，另外修订了相关的 19 部法律，以确保残疾人能从事不同的职业。② 在中国的香港地区，《残疾歧视条例》及有关就业的具体实施细则《残疾歧视条例雇佣实务守则》全面保障残疾人的平等就业权利。

第二，根据残疾人在劳动力市场的实际不利处境，缔约国应当为残疾人提供特别的就业支持。从 20 世纪 20 年代开始，欧洲一些国家开始实行配额制的就业措施，安排伤残退伍军人就业。大多数国家都已通过立法规定了残疾人在公共部门职位中的比例，并且有些国家规定了私营部门的配额。配额就业制度成为许多国家促进残疾人就业的重要措施。如韩国《残疾人就业促进和职业康复法》规定了残疾人就业配额制，适用于正式工人达 50 人及以上的单位，包括中央和地方政府和公共机关。依照该制度，政府和公共机关必须雇用残疾工人，且残疾工人在其员工队伍中所占的比例不得低于 3%，私营部门中残疾工人所占的比例最低为 2.3%。政府还向残疾工人占正式员工比例超过 2.7% 的单位支付"残疾人

---

① 王治江：《反残疾人就业歧视法律制度研究》，华夏出版社 2014 年版，第 74-75 页。
② Compilation of Legislative Measures Undertaken in the Implementation of the Convention on the Rights of Persons with Disabilities: 2011 Update, CRPD/CSP/2011/CRP. 5.

就业补贴"（每人每月 15 万 – 50 万韩元）。① 在德国，有 20 名或以上工人的雇主，必须为残疾人保留 5% 的工作职位，否则必须交付相应的补偿金。对于雇佣残疾人的私营机构发放"残疾人就业促进补贴"。德国《社会法典》专门规定了残疾人的特别解雇保护，规定要解雇残疾人，雇主必须征得州融合办公室的同意。② 另外，很多国家实行"集中安置"的残疾人就业政策，即设立专门的"庇护工厂"或"福利工厂"来安置残疾人就业，国家在税收或公共采购方面对其予以特别的政策支持。《公约》强调，缔约国采取的各项措施应以促进残疾人在开放的劳动力市场获得就业机会为主要目标。普通工作场所的"支持性就业"方案比专门的"庇护工厂"更为可取。早在《公约》谈判阶段，针对集中安置残疾人就业的做法，特委会一致认为，"庇护工厂"的形式不得作为残疾人获得工作、融入社会的主要途径。人人应有平等的广泛的机会自由选择工作，使某一类残疾人实际上仅限于某些职业或仅限于生产某些产品的安排，无法全面实现他们的工作权利。③ "支持性就业"是根据残疾人的特别需要，包括根据其就业意愿和工作能力，提供全方位的支持，以协助残疾人胜任普通工作场所的职位。包括加强对残疾人的职业培训和能力培养，安排专门的支持人员提供在职陪同和协助等。根据《公约》的规定，越来越多的国家采纳残疾人"支持性就业"的政策。例如，德国的"支持性就业"措施，按照"先安置、后培训"的原则，要求雇佣单位加强对残疾人员工的在职培训和支持，直到可以签署就业合同，在必要的情况下，由各州的融合办公室负责为残疾员工提供在职职业陪同服务。④

第三，残疾人的就业权利是一项综合性的权利，涉及社会生活的许多方面。人们的歧视、偏见和定见，一直是阻碍残疾人就业权利实现的一个重大因素。缔约国应采取有效和适当的措施提高全社会对残疾和残疾人的认识，包括对残疾人的权利、尊严的尊重，对残疾人能力和贡献的认识。在工作环境和工作条件方面，确保为残疾人提供无障碍的工作环境。工作场所无障碍涉及查明并消除阻碍残疾人在与其他人平等的基础上开展工作的因素，除了确保公共部门工作场所完全无障碍之外，缔约国还有义务责成私营部门雇主执行无障碍要求。残疾员工享有获得合理便利的权利，包括获得辅助技术、设备，以及灵活的工作时间安排等。对于合理便利的普遍误解，影响了用人单位聘用残疾人的积极性。缔约国应提高雇主、工会和残疾人对合理便利概念的认识，并就如何将规定转化为实践提

---

① 韩国《残疾人权利公约》实施情况的初次报告，CRPD/C/KOR/1，第 132 段。
② 德国《残疾人权利公约》实施情况的初次报告，CRPD/C/DEU/1，第 224 – 239 段。
③ 联合国人权事务高级专员办事处关于残疾人工作和就业问题的专题研究报告，A/HRC/22/25，第 17 段。
④ 德国《残疾人权利公约》实施情况的初次报告，CRPD/C/DEU/1，第 224 – 239 段。

供技术援助。事实上,很多残疾人并不需要合理便利,而且很多便利的提供费用很低,或不会引起费用。根据美国学者对其国内工作场所提供合理便利的调查显示,有将近一半的便利措施成本为零,综合来看,有 3/4 的便利措施成本低于 500 美元或更少。而且便利的包容的工作条件和氛围对所有的员工都是有益的。[①]

现实中,由于身心损伤造成的实际不利处境,残疾人尤其是心智障碍残疾人在工作中容易遭受强迫劳动或剥削的风险,《公约》明确指出缔约国有义务保护残疾人的人身和劳动自由以及获得平等报酬的权利,不被奴役或驱役,不被强迫或强制劳动。残疾妇女往往面临双重或多重的歧视,严重影响到她们工作权的实现。在所有国家的劳动人口中,残疾妇女的就业率是最低的。除了难以获得就业机遇之外,在有的国家和地区,她们还被剥夺或限制掌控自己财产的权利。各国在保障残疾人就业权的措施中,应当特别纳入性别视角,在实施促进残疾人就业的各类方案和项目中,都应考虑到残疾妇女的特殊需求。

2.2.4　缔约国承担的一般义务

在国际人权法体系下,国家是最主要的义务主体,人权条约的实现程度取决于国家承担义务的意愿和努力。长期以来,联合国一直致力于推动人权事业的发展,逐渐完善国际核心人权条约体系,并且通过不断完善权利条款、明确义务内容、改良监督机制来促进国际人权条约在内国获得切实的实施。

《公约》特委会在起草公约过程中,充分考量其他人权条约的经验、教训,顺应联合国改革人权机制的潮流,重视《公约》的实际可操作性和实施效果。可以说,《公约》是对缔约国义务规定的最为详尽的人权公约。《公约》纳入了缔约国"一般义务"的条款,作为缔约国实施该《公约》的指导性准则,具有开创性的意义。"一般义务",即这些义务是缔约国实施《公约》、保障残疾人权利所无法回避和不能减损的义务。第 4 条的规定可以促进缔约国建立完善的残疾人权利保障的总体框架。另外,在每一具体权利条文的规定之中,《公约》都明确指出缔约国为确保该项权利实现而应承担的义务和应采取的措施。第 4 条的"一般义务"规定与各项具体的义务措施共同构成了缔约国履行《公约》实施责任的一个完备的义务体系,将大大提高《公约》的实施效果。

第一,缔约国采取的一切措施,应当以消除本国内任何基于残疾的歧视为目标。为此,无论立法措施还是行政措施、发展方案、公共活动、私人行为等都应遵循尊重、维护残疾人人权的原则。积极支持可以促进残疾人充分参与社会的一切方案和计划,如提供无障碍信息,推广通用设计概念,开发适合残疾人的新技

---

① Schartz, H. A., Schartz, K. M., Hendricks, D. J., & Blanck, P, Workplace Accommodations: Empirical study of current employees. 75, Mississippi Law Journal (2006), pp. 937 – 938.

术，介绍辅助用品和辅助技术等。

第二，在实现残疾人的经济、社会和文化权利方面，《公约》沿用了以往《经济、社会和文化权利国际公约》的规定，指出缔约国应当尽量利用现有资源，并利用国际合作框架来促进相关权利的实现。一方面，这是一种有必要的灵活的安排，反映了当今世界的现实和任何国家争取充分实现经济、社会和文化权利所面临的困难。[1] 另一方面，此规定是缔约国尽可能迅速和有效履行义务的准则，而不是怠于实施甚至退步的借口。

第三，《公约》要求缔约国保证残疾人、残疾儿童及其代表组织充分参与《公约》实施的全部进程。

第四，《公约》并未给残疾人群体创制新的人权，残疾人的许多权利都载于相关人权条约或法律、习惯之中。为有效衔接有关残疾人权利的规定，一般义务条款特别说明，缔约国应当采取最利于实现残疾人权利的做法，不得以本公约未承认或未充分承认这些权利或自由而加以限制或减损。

有关残疾人权利和缔约国义务的规定是《公约》的主体内容。每项权利规定之下都有对应的义务内容和实施措施，这在人权条约历史上是绝无仅有的。以一般义务为总纲和具体义务相结合的方式，构建了完备的缔约国义务体系。《公约》涵盖的缔约国义务体系是尊重、保护、实现残疾人权利的坚实保障。尊重，即要求缔约国不剥夺和限制残疾人的人权，可以看作是一种消极的义务，如尊重残疾人的受教育权利，不予妨碍和不当干涉。保护，意味着国家防止第三方侵害残疾人的人权，并且在侵害发生时，及时介入，对残疾人予以一定形式的救济。实现，是人权保障义务的最终目标和实质要求，是缔约国应承担的积极的义务，指的是国家的政治法律对残疾人的人权予以明确承认和保护，并且通过采取行政措施、司法措施等手段，使残疾人的权利在实践中得以实现，获得切实的利益效果。

缔约国的义务体系同时构成了《公约》实施机制的重要内容。本书第 4 章有关实施机制的内容将对缔约国义务作进一步的探讨。

---

[1] 经济、社会和文化权利委员会第 3 号一般性意见：缔约国义务的性质 E/1991/23，第 9 段。

第3章 继承与创新：《公约》确立的监督机制

国际人权条约的监督机制，是根据各项人权条约的规定创立的以人权条约机构为主体，以监督和促进缔约国实施条约为目的的制度框架。联合国人权条约监督机制经过几十年的发展，形成了一套成熟的制度，主要是通过建立相应的人权条约机构来履行监督职能。条约机构的监督方式包括审查缔约国报告、出具一般性意见，以及根据其任择议定书的规定受理缔约国国民的来文申诉等。目前，联合国九大核心人权条约都有相对应的条约机构。联合国人权条约监督机制对人权条约的有效实施发挥着重要的作用。一是可以督促缔约国积极采取措施，使人权条约保护的对象切实享有和实现条约所规定的权利内容。二是通过人权条约机构对各国实施情况的监督以及反馈的意见，可以加深缔约国对条约的理解，有助于采取更有效的措施重点解决遇到的问题和缺陷。三是联合国的人权条约监督机制能为缔约国提供良好的实践案例，有利于缔约国借鉴经验，促进本国人权事业的发展。四是人权条约机构依据任择议定书获得的处理个人申诉的职能，直接保护受害者的权利，为其提供最后的救济。[1]

然而自20世纪80年代开始，国际人权条约监督机制暴露的问题也引起了人们的广泛关注。[2] 监督形式的单一及低效，不仅给条约机构带来很大的压力，也使得整个国际人权法体系的实际效能遭到质疑。在这样的背景下，《公约》的监督机制力图避免传统监督机制的局限和弊端，但又因国际人权法体系自身的性质而难以有更大的突破。在《公约》起草过程中，有关监督机制的争论一直非常激烈，在《公约》出台前的最后一届特设委员会会议上才确定下来。

---

[1] Expert paper on existing monitoring mechanisms, possible relevant improvements and possible innovations in monitoring mechanisms for a comprehensive and integral international convention on the protection and promotion of the rights and dignity of persons with disabilities, A/AC. 265/2006/CRP. 4，para4 – 10.

[2] 戴瑞君："论联合国人权条约监督机制的改革"，载《法学杂志》2009年第3期。

3.1 《公约》确立的监督机制及其特点

如前所述，联合国制定《公约》曾遭到过很多国家的反对。20 世纪 80 年代意大利最早提出制定残疾人权利公约的动议，但直到 2001 年联合国才通过决议设立特设委员会来起草这样一部专门的人权条约。对现有国际人权法体系实施效果的不满以及对新的人权机制投入更多资源的担忧使得许多国家对制定《公约》的积极性并不高。对于倡议《公约》出台的国家、国际组织、残疾人及其代表组织等利益方而言，有效的监督机制对保障《公约》最终在内国实施必不可少。因此在《公约》起草阶段，对于确定什么样的监督机制，如何加强监督机制的作用，怎样避免既往人权条约监督制度的弊端是所有参与方都重点关注的议题。

3.1.1 对《公约》监督机制的设想

《公约》特设委员会对于监督机制的设立持非常审慎的态度。2006 年 1 月第七届会议的报告显示，《公约》最终文本的前 34 条基本得以确定，而监督机制相关的内容还是空白。① 这也突出反映了对于监督机制，参与公约制定的各方代表存在较大的分歧，难以达成共识。此次会议前，人权高专办向特设委员会递交了有关联合国人权条约机构监督机制的详细报告，论述了现行的联合国监督机制的方式及缺陷，提出了对新的《公约》监督机制的设想。

3.1.1.1 设立新的人权条约监督机构

2003 年年底，特设委员会设立了工作组负责制定一个公约的草案文本。2004 年 1 月，公约草案完成，草案第 25 条"监督"（监测）规定的注脚写道，工作组没有时间考虑国际监督机制事宜，一些国家认为监督机制对他们而言非常重要，还有一些国家对此持保留意见。②

2004 年 8 月举行的特设委员会第四届会议上，各方代表就《公约》国际监督机制进行了两次讨论。关于是否设立新的残疾人权利委员会，包括美国、新西兰在内的一些国家明确反对设立新的监督机构。他们认为残疾人权利基本涵盖在原有的人权条约之内，已有的人权监督机构可以行使监督的职能，而且设立新的委员会需要大量资金和人员投入。对此，大多数国家以及国际组织提出了不同的

---

① 拟订保护和促进残疾人权利和尊严的全面综合国际公约特设委员会第七届会议的报告，A/AC.265/2006/2.

② 见联合国网站，http://www.un.org/esa/socdev/enable/rights/ahcstata34wgtext.htm，最后浏览日期 2020 年 4 月 12 日。

意见,他们指出,不设立残疾人权利委员会反映了一些国家对于保障残疾人人权并不真诚的态度,而且制定专门《公约》正是因为原有人权体系在保障残疾人人权方面是不完善的,依靠原有的人权机构来监督《公约》的实施不切实际。①欧盟发表意见称,《公约》的监督机制应当充分考虑联合国矢志进行的条约监督机制改革进程,应当作出一些创新,避免现有监督机制存在的问题,并且就监督机构的设立和职能提出了很多建议。以色列代表提出新的条约监督机构成员应当有残疾人,并且考虑性别因素等。②

2005年8月,特设委员会主席在第六届会议报告中指出,对设立监督机构以及具体的监督职能问题,特设委员会基本达成了一致意见。③

3.1.1.2 新的人权条约监督机制的内容

国际人权条约监督机构的主要职能包括审议缔约国的履约报告。对于是否采纳传统的缔约国定期报告制度,特设委员会也产生了较大分歧。在现有的人权监督机制下,缔约国定期报告制度存在的问题最为显著。对于缔约国,尤其是批准多份人权公约的缔约国来说,繁重的报告任务确实对其造成很大的困扰和压力。联合国人权高专办的研究数据显示,截至2005年12月,194个人权条约缔约国中只有6个按期递交了全部报告,剩下的188个国家共欠交1493份报告。④对于条约机构而言,严重的财力和人力资源短缺导致其无法及时审议报告,造成大量报告积压,甚至有的报告需要3至5年的审议期,已经无法发挥应有的监督作用。对于不批准任择议定书的国家,条约机构所能采取的主要监督方式只有审议报告制度。由于人权机构的审议意见不具有法律约束力,能否被采纳及多大程度被采纳主要依靠缔约国的合作意愿。对于报告制度的实际效果虽然缺乏明确的考量标准,但从国际社会的普遍反映来看,报告制度的成效确实差强人意。在第四届特设委员会会议上,许多国家提到缔约国报告制度的缺陷。然而,《公约》的起草者无法摒弃这一制度,也找不到更有效的替代方式。但在具体的实施方面,《公约》对报告制度作了一些灵活的变通。

关于缔约国会议制度,墨西哥在2002年向特设委员会提交的工作文件中就缔约国会议的目标进行了阐述,认为缔约国会议应承担评价公约实施状况、促进

---

① 见联合国网站,http://www.un.org/esa/socdev/enable/rights/ahc4sumart25.htm,最后浏览日期2020年4月12日。

② 特设委员会工作组提交特设委员会的报告,A/AC.265/2004/WG.1,注脚114.

③ 见联合国网站,http://www.un.org/esa/socdev/enable/rights/ahcstata34ssrepchair.htm,最后浏览日期2020年4月12日。

④ Expert paper on existing monitoring mechanisms, possible relevant improvements and possible innovations in monitoring mechanisms for a comprehensive and integral international convention on the protection and promotion of the rights and dignity of persons with disabilities, A/AC.265/2006/CRP.4, para31.

国际合作和援助以及审议条约机构的建议和意见等职能。① 在特设委员会讨论监督机制问题时，大部分国家对提高缔约国会议制度的监督职能没有异议。2005年8月举行的第六届特设委员会会议上，与会方对监督机制问题又进行了两次讨论，基本确定了监督机制的内容，但普遍认为《公约》的相关规定应保持一定的灵活性。另外，与会方对保障民间社会的参与，形成高度共识。② 以色列就缔约国报告制度提出了非常中肯的建议。③

在其后的第七届会议上，进入对国际监督条款进行实质性讨论阶段，欧盟、印度、美国等国家和地区，国际劳工组织，国家人权机构以及许多民间组织提交了相关的议案。④ 在第八届会议上，监督机制的具体规定基本确定。2006年8月，最后一届特设委员会会议最终通过了《公约》及《任择议定书》，有关《公约》监督机制的内容终于尘埃落定。2006年12月，《公约》及其《任择议定书》获得通过，其关于《公约》监督机制的规定与第八届会议通过的草案是一致的。

3.1.2 《公约》监督机制的特点

《公约》第34－40条以及《任择议定书》第1－8条全面规定了《公约》的监督机制。《公约》的监督机制仍然延继了以往人权条约监督机制的主要内容，建立了残疾人权利委员会作为专门的条约监督机构。赋予权利委员会审议缔约国报告以及制定一般性意见等传统的监督职能。另外，《任择议定书》规定了来文程序和调查程序等。《残疾人权利公约》的监督机制有诸多创新之处，在审查缔约国报告程序方面有更大的灵活性，把缔约国会议制度纳入监督机制之中，使其成为监督机制的一个重要组成部分，更加重视民间社会特别是残疾人组织的参与和监督作用，以及根据任择议定书扩充残疾人权利委员会的职能等。以上措施强化了对《公约》实施的监督力度，在国际人权条约监督机制方面作出了有益尝试，可以为正在进行的联合国人权条约机构改革提供一定的借鉴。

第一，《公约》的监督机制充分保障民间组织特别是残疾人组织的参与，发挥他们的强大作用以推动《公约》在内国的实施。残疾人权利委员会允许民间组织参加委员会的公开会议，包括审议缔约国报告的会议。委员会特别制作了

---

① 墨西哥就保护和促进残疾人权利和尊严的全面综合国际公约提出的工作文件，A/AC.265/WP.1，第19条。

② http://www.un.org/esa/socdev/enable/rights/ahcstata34ssrepchair.htm，最后浏览日期2020年4月12日。

③ http://www.un.org/esa/socdev/enable/rights/ahcstata34sscomments.htm#israel，最后浏览日期2020年4月12日。

④ http://www.un.org/esa/socdev/enable/rights/ahcstata34sevscomments.htm#eu，最后浏览日期2020年4月12日。

"为国家人权机构和民间社会组织准备的信息",向这些机构和组织提供详尽的参会指南。① 委员会还特别重视民间组织递交的"影子报告",为此制作了民间组织提交报告的程序及报告的内容规范,鼓励残疾人组织及时提交报告,以确保委员会专家能够适当考虑他们的意见。2014年4月,残疾人权利委员会又制定了残疾人组织和民间社会组织参与委员会工作的准则,就审议缔约国报告、参与一般性辩论以促进残疾人组织和民间社会参与委员会的工作,发挥它们的作用作出了规定。②

第二,对于缔约国报告制度,《公约》规定了更为灵活的权限,缔约国在公约对其生效后两年内,提交一份全面报告,其后,至少每四年提交一次报告,但在委员会提出要求时也要向委员会另外提交报告。

第三,《公约》赋予缔约国会议制度更多的监督职能,提高了缔约国会议在以往人权条约体系中的地位,使其成为探讨、监督、促进《公约》实施的一个平台和一种交流合作机制。

第四,改革了传统的个人来文程序。《残疾人权利公约任择议定书》规定残疾人权利委员会既接受缔约国国民的个人来文,也接受团体或组织来文。受害残疾人可以通过残疾人组织向委员会提出申诉,这一规定对保障残疾人向委员会提出申诉具有重要的现实意义。

3.2 残疾人权利委员会的组成和职能

残疾人权利委员会是根据《公约》所产生的条约机构,由缔约国选出的相关专家组成,是一个独立的、专门监督该公约实施的机构。《公约》第34条详细规定了残疾人权利委员会的组织架构和选举程序。《公约》第35条和第36条规定了缔约国定期报告制度,涵盖了残疾人委员会审议缔约国报告的具体工作程序。《公约》第37条和第38条涉及残疾人权利委员会与缔约国的合作以及与联合国专门机构、其他人权机构的关系。根据《公约》第39条的规定,残疾人权利委员会也有义务向联合国大会和经社理事会提交关于其活动的报告。此外,《任择议定书》规定了残疾人权利委员会审查来文程序和调查程序等。

---

① 联合国人权高专办网站,http://www.ohchr.org/ch/HRBodies/CRPD/Pages/NoteonParticipation.aspx,最后浏览日期2020年6月1日。

② Guidelines on the Participation of Disabled Persons Organizations (DPOs) and Civil Society Organizations in the work of the Committee, CRPD/C/11/2.

3.2.1 残疾人权利委员会的组织架构

3.2.1.1 残疾人权利委员会成员

1. 任职资格

根据《公约》第34条第3款的规定，残疾人权利委员会的委员必须是《公约》缔约国的国民，他们应当以个人身份任职，品德高尚，在本公约所涉领域具有公认的能力和经验。自《公约》生效之日起，由12名专家组建首届残疾人权利委员会，在接收60份批准书或加入书以后，专家组的人数可增加到18人。

2. 选举程序

根据《公约》第34条的规定，残疾人权利委员会的成员由缔约国在缔约国会议上选举产生。联合国秘书长在选举日前4个月函请缔约国在两个月内递交提名人选。选举根据公平地域分配和性别分配原则，顾及各大文化和各主要法系的代表性，应当包含残疾人专家。缔约国会议由2/3以上的缔约国参加方为有效，在无记名投票中，得票最多和绝对多数票者当选为委员会委员。当选的委员会成员任期4年，可连选连任一次。在本届委员会的18位委员会成员中，有5位女性。在前两届委员会中，来自智利的玛丽·索莱达·西斯特纳斯·雷耶斯女士（Maria Soledad Cisternas Reyes）来自德国的特蕾西娅·德格纳女士（Theresia Degener）分别担任主席。委员会的成员来自各个大洲，包括日本、韩国、泰国等亚洲国家，尼日利亚、肯尼亚、乌干达等非洲国家，瑞士、匈牙利等欧洲国家，巴西、墨西哥等拉丁美洲国家以及澳大利亚、新西兰等大洋洲国家。来自中国的杨佳女士是第一届委员会成员，已于2012年12月卸任。在第二届委员会中，来自中国的尤亮任期截止于2018年12月31日。[①]

此外，《公约》的第34条还涉及委员会成员的薪酬和待遇问题，规定委员会成员从联合国领取薪酬，享有《联合国特权和豁免公约》规定的便利、特权和豁免。

3.2.1.2 残疾人权利委员会与其他相关机构的关系

1. 与联合国相关机构的关系

《公约》第38条就残疾人权利委员会与联合国专门机构和其他机构的关系以及与其他国际人权条约机构的关系作出了规定。根据该条第1款规定，联合国专门机构和其他机构有权派代表列席残疾人权利委员会审查《公约》实施状况的会议和活动。例如，出席残疾人权利委员会的定期会议和审议缔约国报告的会

---

① 残疾人权利委员会相关数据，http://www.ohchr.org/ch/HRBodies/CRPD/Pages/Membership.aspx，最后浏览日期2020年6月1日。

议，等等。社会发展委员会的残疾问题特别报告员有权参加委员会的所有公开会议，每年至少出席委员会会议一次，报告其职务所涉事宜。残疾人权利委员会也可以邀请专门机构和其他机构就其各自职权范围内涉及《公约》实施的情况提供专家咨询意见或者提交相关报告。委员会可酌情向联合国儿童基金会（以下简称儿基会）、国际劳工组织、教科文组织、卫生组织等机构转交载有技术咨询或援助请求或表明有此种需要的缔约国的报告。① 残疾人权利委员会在努力促进联合国各专门机构的合作，共同维护残疾人权利方面作出了积极的贡献。如在2014 年第 12 届委员会会议期间，残疾人权利委员会与减灾问题秘书长会晤，讨论将残疾人及其代表组织纳入 2015 年世界减灾大会的议程中，将残疾人的意见反映在会议成果之中。与人权高专办和国际劳工组织代表讨论独立生活权利问题，与儿基会讨论教育权问题。会见残疾与无障碍问题秘书长特使，讨论职责协调问题。人权高专办、儿基会、劳工组织、世界知产组织等代表均作了发言。②

有学者指出，残疾人权利委员会开展工作的最大困难是如何协调与同样保护残疾人权利的其他人权条约机构的关系以及开展合作。③ 除《公约》外，多项人权条约含有残疾人权利保障的条款。《公约》第 38 条第 2 款规定，残疾人权利委员会履行职能时，应酌情咨询其他人权条约机构的意见，确保对缔约国报告的编写导则、审议意见的一致性，避免履行职务时出现重复和重叠。残疾人权利委员会重视同其他人权条约机构在相关领域的交流和合作，例如，就残疾儿童权利保障问题，委员会成员同儿童权利委员会成员举行会晤，就残疾儿童受教育权等多个议题交换意见，并重申增加两个条约机构互动的重要性。④

2. 与国家人权机构的关系

残疾人权利委员会与国家人权机构密切合作，监督各缔约国对《公约》的实施。委员会提请国家人权机构积极、独立地促进缔约国报告编写，并请其向委员会提交缔约国实施《公约》的相关资料，以确保委员会更详尽地了解《公约》的实施程度和残疾人权利保障的现实状况。

3. 与缔约国的关系

《公约》的实施效果最终有赖各缔约国的履约意愿和履约程度。《公约》第 37 条明确规定了各缔约国与残疾人权利委员会合作的机制。要求缔约国协助委员会成员履行其任务。相应地，委员会应通过适当的措施和方案加强缔约国实施《公约》的能力和方法。

---

① 《第五届会议通过的残疾人权利委员会的工作方法》，CRPD/C/5/4，第 77 段。
② 残疾人权利委员会第十二届会议报告，CRPD/C/12/2，第 16 - 21 段。
③ 何志鹏："从《残疾人权利公约》反思国际人权机制"，载《北方法学》2008 年第 5 期。
④ 残疾人权利委员会第十二届会议报告，CRPD/C/12/2，第 16 - 21 段。

3.2.2 残疾人权利委员会的监督职能

残疾人权利委员会通常每年在日内瓦举行两次会议,每年派代表出席缔约国大会,参加联合国与残疾人权益相关的会议。残疾人权利委员会的职能包括对缔约国实施《公约》情况进行监督,主要是审议缔约国的报告、提出一般性意见、向联合国有关机构递交工作报告、采取紧急特别程序等。还包括依据《任择议定书》接受来文、启动调查程序等。目前,已有163个国家或地区签署了《公约》,181个国家或地区批准。有94个国家或地区签署了《任择议定书》,96个国家或地区予以批准。① 可见,残疾人权利委员会的监督工作非常繁重。为提高工作效率,残疾人权利委员会专门制定了《残疾人权利委员会议事规则》和《残疾人权利委员会工作方法》,建立了完善的工作机制。残疾人权利委员会的全部工作严格遵守《公约》第3条规定的8项"一般原则"②。

3.2.2.1 审议缔约国报告

残疾人权利委员会指出,提交履约报告(包括报告编写进程)能促进缔约国全面了解其本身实施《公约》的程度,包括广度和深度,能明确了解已采取的措施和计划、方案存在的问题和不足。提交履约报告不单是履行国际义务的要求,还是一次全面评估其国内人权保护状况的机会,以便更有效地进行政策规划和实施《公约》。此外,保障民间组织参与履约报告的进程以及支持其出具监测意见,对提高缔约国的人权保护水平,促使残疾人实现《公约》规定的人权具有积极的影响和作用。③

1. 审议缔约国报告的程序

《公约》第35条第1款和第2款规定,缔约国首份履约报告应在本公约对其生效后两年内通过联合国秘书长向委员会提交,之后,缔约国至少应当每四年提交一次报告。当委员会提出要求,让某一缔约国另外提交报告时,缔约国应当履行相应义务。残疾人权利委员会审议报告一般按照收到报告的时间先后进行,但是优先审议缔约国递交的初次报告以及逾期已久的报告。对于其本国提交的履约报告,委员会成员应当回避。对每份报告,委员会都可以指定一名或两名委员作

---

① 联合国网站,http://www.un.org/disabilities/,最后浏览日期2020年6月20日。
② Expert paper on existing monitoring mechanisms, possible relevant improvements and possible innovations in monitoring mechanisms for a comprehensive and integral international convention on the protection and promotion of the rights and dignity of persons with disabilities, A/AC.265/2006/CRP.4, para65-66.
③ 《缔约国根据〈残疾人权利公约〉第三十五条第一款提交的条约专要文件准则》,CRPD/C/2/3,第3-4段。

为国别报告员。①

根据《公约》第35条第3款的规定,关于缔约国提交报告方面,残疾人权利委员会应当制定相应的关于报告内容的指南。残疾人权利委员会于2009年第二届会议制定了《缔约国根据〈残疾人权利公约〉第三十五条第一款提交的条约专要文件准则》② 对缔约国的报告工作加以规制。该准则对报告的制度和资料的编排方式都有详尽规定。对初次报告、定期报告和例外报告的要求都非常详细。缔约国还应在其国内公开履约报告的内容,便利公众获取,以使公众知晓《公约》在本国的实施情况。

针对缔约国不及时提交报告的情况,残疾人权利委员会还采取了特别的程序予以应对。在每届委员会会议上,联合国秘书长都将未按照《公约》规定提交报告的情况书面通知委员会,委员会通过秘书长向有关缔约国发函提醒其提交报告或补充资料。③

2. 审议的内容

缔约国报告的内容应全面涵盖其为履行本公约规定的义务而采取的措施和在这方面取得的进展。根据《公约》第4条的规定,缔约国采取的措施以确保并促进残疾人一切人权和基本自由的实现,消除基于残疾的歧视为目标。具体包括:第一,为实施本《公约》确认的权利而采取的一切立法、行政和其他措施。第二,为改变歧视残疾人的现行法律、法规、习惯、做法而进行的立法、修法活动及采取的其他措施。第三,涉及残疾人人权的一切方案、政策。第四,为消除个人、机构组织、私营企业歧视残疾人而采取的措施。第五,在现有条件下,为实现残疾人经济、社会、文化权利而采取的措施。第六,把残疾问题纳入相关可持续发展战略的措施,第七,保障残疾人及其组织充分参与《公约》实施进程的措施,等等。另外,残疾人权利委员会还会参考国际组织、民间组织包括残疾人组织提交的报告和其他文件,以更全面了解影响某个缔约国执行《公约》的各种问题。④

3. 审议的结果

残疾人权利委员会审议缔约国报告,出具结论性意见。结论性意见包括缔约国实施《公约》的积极方面、妨碍实施《公约》的因素和困难、主要关注的问题、相应的提议和建议,等等。委员会向缔约国公布结论性意见,并向联合国大会、经社理事会以及联合国专门机构和其他机构提供该结论性意见。目前,残疾

---

① 《第五届会议通过的残疾人权利委员会的工作方法》,CRPD/C/5/4,第6-10段。
② 《缔约国根据〈残疾人权利公约〉第三十五条第一款提交的条约专要文件准则》,CRPD/C/2/3。
③ 《残疾人权利委员会议事规则》,CRPD/C/4/2,第12条。
④ 《残疾人权利委员会工作方法》,CRPD/C/5/4,第43段。

人权利委员会共计收到 173 份缔约国家和地区提交的《公约》实施报告，委员会已经作出了 94 份结论性意见。① 另外，委员会设立的国别报告员还负责追踪缔约国后续的行动，向委员会递交后续行动报告。② 目前，已经针对匈牙利、巴拉圭、秘鲁和阿根廷、德国等 40 个缔约主体发布了结论性意见的后续行动报告。③

3.2.2.2 制定一般性意见

对人权条约的条款或涉及的专题作出一般性意见，用以阐释条约内容、指导条约的实践已成为国际人权条约监督机构的一项重要职能。如人权事务委员会对《公民权利和政治权利国际公约》已发表了 153 项一般性意见，经济、社会和文化权利委员会对《经济、社会、文化权利国际公约》通过了 23 项一般性意见。④ 同其他条约机构一样，残疾人权利委员会也通过作出一般性意见的方式，表达其对特定事项的意见。委员会目前就《公约》作出的一般性意见有六项，分别是第 1 号关于第 12 条 "在法律面前获得平等承认" 的一般性意见⑤、第 2 号关于第 9 条 "无障碍" 的一般性意见⑥、第 3 号关于第 6 条 "残疾妇女" 的一般性意见⑦、第 4 号关于第 24 条 "教育" 的一般性意见⑧、第 5 号关于第 19 条 "独立生活和融入社区" 的一般性意见⑨、第 6 号关于第 5 条 "平等和不歧视" 的一般性意见⑩。这些一般性意见包含了残疾人权利委员会对《公约》的理解，客观上起到了解释《公约》的作用。借助一般性意见，委员会提请缔约国注意各国报告显示出来的不足，在相关方面提供实践标准，帮助缔约国完善实施措施，促进《公约》所载权利的充分实现。

虽然一般性意见不具有法律约束力，但具有《公约》实施指南以及编写履约报告准则的作用。为此，各国在批准和实施《公约》时，除了深刻了解《公约》的条文及原则之外，还应参考残疾人权利委员会作出的一般性意见。另外，

---

① 残疾人权利委员会信息，http://tbinternet.ohchr.org/_layouts/treatybodyexternal/TBSearch.aspx? Lang=zh&TreatyID=4&DocTypeID=5，最后浏览日期 2020 年 8 月 10 日。
② 《第五届会议通过的残疾人权利委员会的工作方法》，CRPD/C/5/4，第 14-18 段。
③ 残疾人权利委员会信息，http://tbinternet.ohchr.org/_layouts/TreatyBodyExternal/FollowUp.aspx? Treaty=CRPD&Lang=zh，2020 年 8 月 10 日。
④ 残疾人权利委员会信息，http://tbinternet.ohchr.org/_layouts/treatybodyexternal/TBSearch.aspx? Lang=zh&TreatyIDzh&DocTypeID=11，最后浏览日期 2020 年 8 月 10 日。
⑤ 残疾人权利委员会第 1 号一般性意见：在法律面前获得平等承认，CRPD/C/GC/1.
⑥ 残疾人权利委员会第 2 号一般性意见：无障碍，CRPD/C/GC/2.
⑦ 残疾人权利委员会第 3 号一般性意见：残疾妇女，CRPD/C/GC/3.
⑧ 残疾人权利委员会第 4 号一般性意见：包容性教育权，CRPD/C/GC/4.
⑨ 残疾人权利委员会第 5 号一般性意见：独立生活和融入社区，CRPD/C/GC/5.
⑩ 残疾人权利委员会第 6 号一般性意见：平等和不歧视，CRPD/C/GC/6.

残疾人权利委员会出具的一般性意见是在广泛磋商和协作的基础上制定的。例如，2014年9月第十二届残疾人权利委员会决定起草关于第24条残疾人"教育"的一般性意见，为此确定下一届会议设立关于残疾人受教育权问题的一般性讨论日。委员会鼓励公约缔约国、残疾人组织、民间组织以及国家人权机构、联合国机构等为一般性讨论日提交书面信息，并允许参会方在讨论日对此问题口头陈述意见和建议。①

3.2.2.3 提交报告

根据《公约》第40条的规定，残疾人权利委员会应当每两年一次向联合国大会和经济及社会理事会提出关于其工作情况的详细报告，通过审查缔约国的报告和相关资料信息，提出意见和建议，另外，协同缔约国的答辩一起列入上交的报告之中。通过报告程序，委员会的工作受经社理事会和联合国大会的监督，同时，委员会的报告以便联合国部门了解《公约》的实施情况，对残疾人人权状况有深入的了解。委员会可以把对缔约国的建议、评论列入评论，客观上对缔约国也起到督促的作用。此外，残疾人权利委员会的每届会议报告也全部予以公开，发布在联合国人权高专办网站。②

3.2.2.4 早期警告和紧急行动程序

早期警告和紧急行动程序（Early warning/Urgent Action），是残疾人权利委员会制定的特别程序，旨在防止缔约国国内现有问题升级成全面冲突或防止早先存在的问题再次出现。该特别程序也可审议需要紧急关注的问题，避免严重违反《公约》的情况出现。残疾人权利委员会或有关利益方，包括非政府组织都可要求启动紧急程序，但应以书面形式递交请求，阐述正当理由，并提供证据或资料。在委员会接受请求之后，将与缔约国代表会晤，讨论相关事项。进行审查之后，委员会作出最终决定。该决定可能是要求该缔约国采取必要可行的措施，解决相关问题并在下一次定期报告中作出进一步说明。委员会还可以设立一位紧急行动报告员，负责追踪后续的情况。③

3.2.2.5 《任择议定书》下的职责

受理个人来文一直是传统人权条约机构的主要职责之一。来文程序又称个人申诉程序，是一国管辖内的受害人通过国际人权条约机构获得最后救济的途径。

---

① 联合国人权高专办网站，http://www.ohchr.org/CH/HRBodies/CRPD/Pages/DGDontherighttoeducationforpersonswithdisabilities.aspx，最后浏览日期2020年8月10日。

② 联合国人权高专办网站，http://tbinternet.ohchr.org/_layouts/treatybodyexternal/TBSearch.aspx? Lang = zh&TreatyID = 4&DocTypeID = 27，最后浏览日期2020年6月1日。

③ 《第五届会议通过的残疾人权利委员会的工作方法》，CRPD/C/5/4，第26－29段。

目前九大核心人权条约机构，根据其任择议定书都可受理个人申诉。个人来文程序是国际法最直接保障一国国民人权的有效手段。但来文程序一般由人权条约的任择议定书所规定，只有批准任择议定书的国家才受该程序的约束。政治因素或对国际法的保留态度等导致许多国家对签署和批准任择议定书的意愿并不高，这也导致任择议定书的缔约国总是远远少于条约本身的缔约国。另外，条约机构对个人申诉的处理意见并不具有法律强制性。个人来文程序的固有局限，大大降低了该程序对人权的更广泛更有效的保护力度。

调查程序一般是人权条约机构在收到可靠证据显示某一缔约国严重或系统地侵犯人权条约规定的权利而采取的紧急调查措施。《经济、社会、文化权利国际公约任择议定书》设定了对缔约国违反相关义务的调查程序。另外，禁止酷刑委员会和消除对妇女歧视委员会均有权在必要时启动调查程序。

《任择议定书》赋予残疾人权利委员会处理来文和采取调查程序的职能。

1. 处理来文的程序

《任择议定书》第 1 – 5 条详细规定了来文程序。《任择议定书》第 1 条规定，残疾人权利委员会只接受本议定书缔约国管辖下的个人或团体提出的，声称因缔约国违反《公约》规定而受到伤害的来文。《任择议定书》第 2 条列举了六种不予受理的来文，包括：匿名；滥用提交来文的权利或者来文不符合《公约》规定；业已经委员会审查，或已由处于其他国际调查、解决程序之中；未用尽国内一切救济方法，但国内救济途径被堵塞或救济效果无效除外；证据不足；违约行为和违约事实均发生在本议定书对有关缔约国生效之前。《公约》第 3 条特别规定，委员会严格遵守保密的原则，向缔约国问询时，不透露来文人的相关信息。第 5 条规定，委员会审查来文，应当举行非公开的会议。《公约》第 4 条规定缔约国在委员会对实质问题裁断前，根据缔约国的请求，采取必要的临时措施，以避免对被侵犯的受害者造成不可弥补的伤害。

《任择议定书》扩大了提交来文的对象，允许个人及团体或组织提交来文。在内容编排方面，《任择议定书》的规定更为简单明了，便于理解。根据有关国家的法律，来文提交人缺乏法定的能力，但依照《公约》第 12 条关于残疾人法律权利能力的规定，认为来文系由任何类型的残疾人或残疾人团体提交，即可被受理。另外，残疾人权利委员会对来文的处理程序保密程度更高，加强了对来文人的保护。残疾人权利委员会设置来文特别报告员，集中处理来文事项。如果委员会委员与相关缔约国国民或与案件有任何利益关联，应当回避。①

---

① 《第五届会议通过的残疾人权利委员会的工作方法》，CRPD/C/5/4，第 67 – 71 段。

2. 处理来文的结果

残疾人权利委员会对收到的来文先进行形式方面的审查，作出受理或不予受理的决定。对于受理的来文，委员进行审查，作出违反与不违反的裁断。据统计，截至目前，残疾人权利委员会共计收到 34 份来文，有 9 份裁定不予受理，委员会作出 3 份中止决定。①

3. 调查程序

《任择议定书》授权委员会调查缔约国系统违反公约的做法并就调查结果作出评论和意见。《任择议定书》第 6-8 条规定，在残疾人权利委员会得到可靠资料，表明某一缔约国系统地或严重地侵犯《公约》规定的残疾人的权利时，委员会首先召集该缔约国一并审查这些资料，之后，委员会可以指派一位或多位委员会成员进行调查。如果还不能得出明确的审查结果，经过缔约国同意，调查员可以到该当事国实地访问。委员会将最终调查结果和评论、建议一并送交缔约国。而缔约国则应在 6 个月内就调查结果、评论、建议等向委员会提交本国的意见。应当指出，委员会启动的调查程序也是以保密的方式进行的。

从以上分析可以看出，《公约》及其《任择议定书》设立了残疾人权利委员会审查缔约国报告、发表一般性意见，以及处理来文、开展调查程序的监督机制，对缔约国实施《公约》及促进残疾人权利实现进行全面的细致的监督。

3.3 缔约国会议制度的监督职能

《公约》规定了缔约国会议制度，把其作为监督《公约》实施的一项特别的、重要的工作机制。《公约》第 40 条规定，缔约国应当定期举行缔约国会议，以审议与实施本公约有关的任何事项。联合国秘书长至迟应当在本公约生效后 6 个月内召开缔约国会议。其后，秘书长应当每两年一次，或根据缔约国会议的决定，召开会议。

3.3.1 缔约国会议制度的确定

3.3.1.1 缔约国会议制度概述

缔约国会议是国际条约的一项传统内容，是维持条约运行的一种工作机制，主要承担讨论、决定条约相关的一些程序性事项的职责。虽然缔约国会议对国际

---

① 参见联合国人权高专办网站，http://www.ohchr.org/CH/HRBodies/CRPD/Pages/Jurisprudence.aspx，最后浏览日期 2020 年 6 月 1 日。

条约的实践必不可少，但并未形成一种独立的监督机制。1997 年《关于禁止使用、储存、生产和转让杀伤人员地雷及销毁此种武器的公约》（《渥太华禁雷公约》）对"缔约国会议"进行了专门规定，大大扩充了缔约国会议的权限，使其承担审议公约适用、执行情况的实质性的职能。该规定，缔约国每年由联合国秘书长召开，会议审议有关该《渥太华禁雷公约》的适用或执行的任何事项，包括该《渥太华禁雷公约》的实施情况和现状，国际合作和援助，相关技术的发展，等等。在特殊情况下，缔约国还可以提议召开缔约国特别会议。此外，该《渥太华禁雷公约》还设置了观察员参会制度。[①]《渥太华禁雷公约》的缔约国会议制度成为由缔约国、联合国相关机构、国际和区域组织、非政府组织广泛参与讨论的平台，确立了评估该公约实施和探讨全球相关政策的一种对话机制。该《渥太华禁雷公约》对缔约国会议的特别规定可以说与公约的内容息息相关，除了一些定义存在可进一步讨论的必要性外，该公约具有一定政治敏感性和实施紧迫性的特点也促使各缔约国要达成多方协作的意愿。另外，国际环境条约、海洋条约等也一定程度采纳了缔约国会议的制度。[②]

在《公约》出台前，国际核心人权条约体系没有特别重视缔约国会议的作用。因此，缔约国会议并没有实质性地审查公约实施的职能。在《公约》起草过程中，各方对如何加强《公约》的监督效果，推动《公约》获得切实实施进行了多次讨论。在联合国人权高专办积极倡导下，《渥太华禁雷公约》实施的缔约国会议制度得到特设委员会的青睐，并获得一致通过。

3.3.1.2 《公约》充分开发缔约国会议作用

联合国其他人权条约也有定期召开缔约国会议的相关规定，但主要职责在于选举人权条约机构的专家委员，或者讨论条约修订事宜。前者如《儿童权利公约》规定，儿童权利委员会的选举在初次选举之后每两年举行一次，选举应在缔约国会议上进行，缔约国会议还决定儿童权利委员会的会期。[③] 后者如《经济、社会、文化权利国际公约》规定，缔约国提出对本公约的修正案后，联合国秘书长应立即将该修正案通知其他缔约国，并请其将是否赞成召开缔约国会议以审议提案的意见通知秘书长，在至少获得 1/3 缔约国赞成的情况下，联合国主持

---

① 《关于禁止使用、储存、生产和转让杀伤人员地雷及销毁此种武器的公约》（《渥太华禁雷公约》）第 11 条。

② Expert paper on existing monitoring mechanisms, possible relevant improvements and possible innovations in monitoring mechanisms for a comprehensive and integral international convention on the protection and promotion of the rights and dignity of persons with disabilities, A/AC. 265/2006/CRP. 4, para65 - 66.

③ 《儿童权利公约》第 43 条。

召开缔约国会议。①

《公约》专门规定了缔约国会议制度,把缔约国会议的职责扩大到审议《公约》实施的任何事项,赋予了人权条约下的缔约国会议前所未有的职能。通过缔约国会议,各国可以充分交流《公约》实施、残疾人权利保障方面的信息和实践,吸取经验和教训。缔约国也能对《公约》及条约机构的工作提出意见和建议,对联合国及其组织开展的相关项目和资源分配方案提出意见,以最大限度避免冲突、凝聚共识,确保《公约》实施机制顺利运转。《公约》确定的缔约国会议制度是人权条约监督机制的一个突破,既完善了《公约》的监督机制,也推动了全球范围内《公约》的有效实施。联合国人权条约体系下,充分发挥缔约国会议的作用,对消除国家间特别是不同意识形态对人权问题的隔阂、观念分歧具有深远的意义,为推动人权事业发展和相关领域合作开辟了新的平台。《公约》的缔约国会议机制为其他人权条约加强缔约国会议的职能和作用提供一个良好的范本。

此外,联合国经济和社会事务部是《公约》的协同秘书处,具体负责组织缔约国会议等相关事项。缔约国会议推动相关政策、措施的力度在很大程度上也取决于经济社会事务部的管理效能。②

3.3.2 缔约国会议制度的实践

2008年11月,第一届缔约国会议召开。如前文所述,《公约》规定每两年一次或由缔约国会议决定召开会议的时间。而实践中,缔约国会议每年举行一次以促进各缔约国对《公约》的实施力度。由此可以看出各缔约国对实施《公约》表现出很大的积极性,也能反映出联合国在推动残疾人人权进展方面的努力,同时也可以让我们对《公约》的实施效果以及残疾人权利的实现抱有更大的希望和信心。

3.3.2.1 程序严格

2008年第一届缔约国会议针对会议制度程序方面的问题专门出台了《〈残疾人权利公约〉缔约国会议程序暂行规则》(以下简称《暂行规则》)。《暂行规则》共包含16章27条,对会议相关的内容进行了全面、具体的规定。会议程序如缔约国会议议程、参会要求、投票表决等,均按照《暂行规则》的规定执行。每期缔约国会议在纽约联合国总部召开,当期会议期间即确定下期会议的会期,

---

① 《公民权利和政治权利国际公约》第51条第1款。

② Michael Ashley Stein, Janet E. Lord, Monitoring the Convention on the Rights of Persons with Disabilities: Innovations, Lost Opportunities, and Future Potential, 32 Human Rights Quarterly 689 (2010), pp. 699 – 700.

秘书处于会议召开的至少前四个月通知缔约国和其他参会人员。缔约国大会选举主席团，包括一位主席，四位副主席，任期两年。主席缺席会议可以指定一位副主席来履行其职责。① 在 2011 年第 4 届缔约国会议期间，秘书长决定按照地域来确定会议主席，以西欧、非洲、亚洲、东欧、拉丁美洲和加勒比地区的顺序进行。2011－2012 年，会议主席来自瑞典，2013－2014 年来自肯尼亚，2015 年，韩国代表担任主席团主席。② 此外，对于残疾人权利委员会成员的选举，以及作为观察员参会的非政府组织也有明确的要求。③ 会议确保无障碍的服务和环境，为参会的残疾人提供手语、盲文等替代性交流方式的服务以及其他便利。④

3.3.2.2 主题明确

每一届缔约国会议都有明确议题，探讨《公约》实施及残疾人权利领域突出的问题。历次缔约国会议的主题分别为，2008 年第一次会议：《公约》作为实现千年发展目标的人权工具；2009 年第二次会议关注无障碍和合理便利、获得法律承认以及司法保护；2010 年第三次会议主题为：通过实施《公约》，实现残疾人的融合；2011 年第四次会议主题为：促进发展，实现《公约》；2012 年第五次会议主题为：使《公约》保护妇女和儿童；2013 年第六次会议主题为：确保适足生活水平；《公约》框架下的残疾人赋权和参与；2014 年第七次会议主题讨论包括：将《公约》的各项规定纳入 2015 年后发展议程；2015 年第八次会议主题为：把残疾人权利纳入 2015 后发展议程的主流；2016 年第九次会议主题为：落实 2030 年可持续发展议程，不让一个残疾人掉队；2017 年第十次会议主题为：公约第二个十年：残疾人及其代表组织包容性，全面参与公约落实；2018 年第十一次会议主题为：通过全面实施《公约》，不让任何人掉队；2019 年第十二次会议主题为：在变革的世界中通过切实履行《公约》实现残疾人融合发展。⑤ 更为重要的是，每一次缔约国会议都会通过一系列的报告和决议，成为解决残疾人权利重大和紧迫问题的准则和指南，推动《公约》切实地、可持续地在缔约国获得实施。

---

① Provisional rules of procedure for the Conferences of States Parties to the Convention on the Rights of Persons with Disabilities, CRPD/csp/2008/3, Rule1, 9, 10.

② Conference of States Parties to the Convention on the Rights of Persons with Disabilities, at, http://www.un.org/disabilities/default.asp?id=1535, 最后浏览日期 2020 年 8 月 1 日。

③ Provisional rules of procedure for the Conferences of States Parties to the Convention on the Rights of Persons with Disabilities, CRPD/csp/2008/3, Rule17-19, Rule25.

④ Provisional rules of procedure for the Conferences of States Parties to the Convention on the Rights of Persons with Disabilities, CRPD/csp/2008/3, Rule2.

⑤ Conference of States Parties to the Convention on the Rights of Persons with Disabilities, at, http://www.un.org/disabilities/default.asp?id=1535, 最后浏览日期 2020 年 8 月 1 日。

3.3.2.3 主体多元

《公约》缔约国会议除各缔约国代表参会外,可以邀请国际或区域组织代表、联合国机构以及经社理事会下属委员会的代表、非政府组织、残疾人组织的代表作为会议观察员参会。① 《公约》的出台本身就是集体智慧和集体力量的结晶,而在监督实施阶段,缔约国会议制度又延续了合作、全纳的理念,搭建了各相关利益方合作、交流的桥梁,无疑对促进《公约》的实施效果有积极的作用。

《公约》确立的缔约国会议制度是在联合国人权监督机制普遍遭遇危机的情况下产生,是应对低效的监督模式和实施效果的创新之举。与《渥太华禁雷公约》相比,《公约》对该制度的规定显然更为宽泛、简单,特别是没有纳入会议审议的具体内容。该制度实行至今,得到了缔约国及国际、区域组织和民间社会的积极响应,取得了很多成果,但其长期成效仍有待考察。

3.4 联合国其他专门机构和人员的监督职能

3.4.1 联合国其他专门机构

《公约》机构间资助小组(IASG)是联合国2006年设立的,配合促进和执行《公约》及其《任择议定书》的协调工作机制。支助小组成员包括联合国人权高专办、经济和社会事务部、联合国开发计划署、联合国儿基会、世卫组织、国际劳工组织、联合国人口基金、排雷行动和难民署等25个机构和组织。② 资助小组可通过参加残疾人权利委员会的公开会议,提交有关报告或咨询性意见的方式发挥监督《公约》实施的作用。在本章第2节涉及的"残疾人权利委员会与其他相关机构的关系"的内容对联合国其他专门机构的监督作用已有所阐述,此处不再赘述。

3.4.2 特别报告员

1994年,为监测《标准规则》的实施情况,联合国社会发展委员会成立了残疾问题特别报告员办公室。特别报告员每年负责向该委员会提交监测报告。报告的内容包括残疾人状况的进展、《标准规则》的实施情况以及对委员会未来的工作的相应建议。特别报告员履行职责时,与国家及非政府组织和相关专家直接

---

① Provisional rules of procedure for the Conferences of States Parties to the Convention on the Rights of Persons with Disabilities, CRPD/csp/2008/3, Rule25.

② 《残疾人权利公约的监测工作:人权监测员指南》,HR/P/PT/17,第26页。

接触，听取他们的观点和意见，这些都反映在特别报告员的工作中。从1993年至今，任命了3位特别报告员，分别是 Bengt Lindqvist（任期1994－2002），Sheikha Hessa Al－Thani（任期2003－2009），Shuaib Chalklen（2009－2014）[1]。

特别报告员在特设委员会制定有关残疾人权利的公约时发挥了积极的作用，如相关报告显示，特别报告员参与了特设委员会制定公约的全部会议和起草过程，充分听取残疾人组织和政府代表的意见，对公约的许多内容提出了真知灼见。而且，在《公约》通过之后，特别报告员积极敦促各国签署和实施《公约》。[2]

此外，2013年12月，时任联合国秘书长的潘基文任命厄瓜多尔前副总统莫雷诺（Lenín Voltaire Moreno Garces）担任第一位秘书长残疾和无障碍问题特使，以促进全球十亿多名残疾者的权益，在全球进行无障碍倡导。2014年，人权理事会任命了首位残疾人权利问题特别报告员——卡塔丽娜·德班达斯（Catalina Devandas），通过这项新的任务授权，联合国系统更好地监测及落实残疾人权利的状况，以符合《公约》的宗旨。特别报告员的任务包括：与各国和其他利益攸关方开展定期对话，以指明、交流和促进与实现残疾人权利有关的良好做法；获取及交流与侵犯残疾人权利有关的信息与来文；提出积极促进残疾人权利实现的建议；提高对残疾人权利的认识，将性别视角融入工作之中以及向人权理事会和联合国大会做年度报告等。[3]

---

[1] The Special Rapporteur onDisability of the Commission for Social Development, at, http://www.un.org/esa/socdev/enable/rapporteur.htm，最后浏览日期2020年4月29日。

[2] 特别报告员关于《残疾人机会均等标准规则》的监测报告，E/CN.5/2007/4，第3－8段。

[3] 残疾人权利问题特别报告员 http://www.ohchr.org/CH/Issues/Disability/SRDisabilities/Pages/SRDisabilitiesIndex.aspx，最后浏览日期2020年8月1日。

第4章 全面和有效:《公约》确立的实施机制

国际人权条约的核心在于获得有效的实施。国际人权条约的实施机制概括而言包括实施的机构、程序及为实现条约包含的应然权利到实然权利而采取的所有措施。人权条约的实施机制包括国际层面的实施与国内层面的实施。国际层面的实施主要是通过国际合作，包括缔约国之间，缔约国与国际组织、区域组织等的合作来促进人权条约的实施。国内层面的实施是人权条约实施机制的主体。在各国履行人权条约实施义务的过程中，在其内国确立一套符合国情的实施机制是保障人权条约得以落实的关键。许多国家建立了专门的人权条约实施机构或者通过独立的国家人权机构来负责条约的实施工作。国际人权条约大都明确规定了缔约国为实施条约而应采取的措施，主要包括立法措施、行政措施和司法措施，等等。《公约》详尽规定了在国际层面和国内层面落实《公约》的途径，构建了完善的实施框架，是国际人权法实施体制的创新举措，是《公约》获得切实、有效实施的重要保障机制。

关于国际人权条约在一国的具体实施状况，我们还应关注条约内容在内国的适用问题。国际法在国内的适用，存在着"二元论"与"一元论"的争议。二元论强调国际法与国内法分属不同体系，国际法只有经过国内采用才有效力。一元论认为国际法与国内法同属国际法律规范体系。相应地，国际法在内国的实践主要有两种做法——国际法在国内的个别转换与国际法的自动纳入。个别转换与自动纳入的不同在于，还需要经过国家通过特别的立法将其转换为国内法才能实施。[1] 此外，关于国际法的效力等级，一般由其本国《宪法》或法律予以明确规定。例如，有些国家承认国际公约的效力高于其本国宪法，如哥斯达黎加，有些国家承认国际公约的效力与《宪法》相同，如阿根廷。在多数国家，国际公约的效力是高于其国内法律的。《维也纳条约法公约》对此进行了详细的规制，第27条所载的原则指出，缔约国不得援引其国内法的规定来规避履行条约义务，从而确定了国际条约在内国的法律效力实际是不低于其内国的宪法。为此，在司

---

[1] 唐颖侠："国际法与国内法的关系及国际条约在中国国内法中的适用"，载《社会科学战线》2003年第1期。

法实践中，法院应当坚守国际条约效力高于法律的原则，援引条约规定作为裁判依据，或者把条约所载的原则作为指导审判的指南。

《公约》的缔约国中，瑞士、阿根廷、智利等国家是奉行一元主义的国家，《公约》原则上直接在其内国适用，作为法院裁判的依据。而大部分国家，包括德国、南非、韩国、中国等缔约国家，《公约》不能直接适用，需要通过国内立法将《公约》的内容纳入本国法律体系中，才能产生法律效果。① 尽管各国对待国际法在内国的适用有不同的做法，而且法律系统也千差万别，但把《公约》的原则与规范作为国内残疾人人权保障体系的一部分，赋予其较高的法律效力，并切实用于司法实践，既是缔约国履行国际法的责任所在，也是推动本国残疾人人权进展的必然选择。

4.1 《公约》实施机制的确立和特点

《公约》是在原有国际人权法体系无法有效保障残疾人权利的背景下产生的。如何确保新的人权条约获得有效实施，使残疾人权利得以切实实现，既是起草《公约》的特设委员会重点关注的内容，也是联合国推动人权条约机制改革所要解决的重大课题，更是备受全世界残疾人及其代表组织和支持者瞩目的焦点。在《公约》起草过程中，特设委员会关于实施机制的讨论非常热烈，联合国人权高专办、各国代表、国家人权机构以及民间组织特别是残疾人组织提交了许多非常有价值的研究报告、拟订草案、建议和意见，最终促成《公约》现行文本中实施机制的确立。

4.1.1 对《公约》国内实施机制的探讨

在 2004 年 8 月举行的特设委员会第四届会议上，参会者就《公约》实施和国内监测机制问题进行了两次讨论。参会方大多肯定建立国内监测机制的重要性，认为国家层面的监测可以提高国家对《公约》的实施力度。国际人权机构强调应当提高人权机构在实施《公约》中的重要作用。在第二次讨论中，巴林代表指出，每个国家的国内监测机制都应当保障残疾人及其组织参加，这样有助于确保缔约国提交的履约报告的真实性。② 本届会议就国家人权机构在公约实施

---

① 联合国人权事务高级专员办事处关于促进对《公约》的认识和了解的专题研究，A/HRC/10/48，第 23 段。

② http://www.un.org/esa/socdev/enable/rights/ahc4sumart25.htm，最后浏览日期 2020 年 6 月 25 日。

中的作用的问题未能全部达成一致。但许多代表同意，国家设立的实施机构应当拥有广泛的职能，包括提高残疾人和普通民众对公约各项规定的认识；监督国家的立法、政策和方案，确保其与本公约相一致；进行或推进对本《公约》或国家立法的研究；制定评估各项工作对残疾人影响的制度，以及受理残疾人权利受侵害的投诉等。①

2005年8月举行的第六届特设委员会会议，围绕《公约》实施与监测问题又举行了两次讨论。与会方均同意建立国内监测机制。加拿大代表发言称，国内监测机制是促进有效实施的创新之举，但也提请委员会注意，建立国内监测机制应当足够灵活，避免给现有的国内体制带来压力。对于民间组织特别是残疾人组织的参与，许多代表明确支持残疾人及其组织充分参与到监督和实施进程中。残疾人组织，如精神残疾权利国际组织要求国内建立的独立的监测机制特别注意保护精神残疾人等更为弱势的群体。②

在2006年1月举行的第七届会议上，特设委员会继续对国内实施和监测机制进行了讨论。国家人权机构特别强调国内实施与国内监测进行明确区分，对于国家监测机制，要坚守巴黎原则，保证监测机构的独立性至关重要。还有代表指出，建立政府内的协调中心、协调机制和另外建立一个独立的监测机制缺一不可。独立的机构既可以是国家人权委员会，也可以是残疾委员会或者平等专员等类似的机构。根据具体的国情，酌情设立。③

4.1.2 对《公约》国际合作机制的探讨

在2004年8月举行的特设委员会第四届会议上，参会方讨论了"国际合作"的规定。欧盟代表强调执行公约主要是国家的责任，国家对公约各项规定的遵守不应以接受国际发展援助为条件。有代表指出，应把国际合作视作为支持各国为实现公约的目标和目的所进行的努力和促进实施公约的重要手段。如中国认为国际合作对促进公约在内国的实施非常重要，认为国际合作的条款应广泛纳入人权条约的规定之中。各方代表承认国际合作的内容是宽泛的，交流相关信息和最佳做法，进行科学研究、培训、提高认识、残疾人组织之间的合作以及开发技术和能力建设等都应涵盖在内。对于把残疾问题纳入国际发展方案，有些国家表达了不同看法。还有成员对于把国际合作作为一项义务写入公约的做法持反对

---

① 特设委员会工作组提交特设委员会的报告，A/AC. 265/2004/WG. 1，注脚114。
② http://www.un.org/esa/socdev/enable/rights/ahcstata33sscomments.htm#canada，最后浏览日期2020年6月25日。
③ http://www.un.org/esa/socdev/enable/rights/ahcstata33sevscomments.htm#nhri，最后浏览日期2020年6月25日。

意见。①

2005年8月，第六届特设委员会会议又讨论了"国际合作"的条款，墨西哥报告称小组讨论中，各方对条款的大部分内容意见一致，主要异议集中于一些用语的准确含义方面，比如"分享信息""获取科学技术信息""技术援助""经济援助"等。一些代表对于"经济援助"的规定表示关注。②

2006年1月，第七届会议再次举行了两次关于国际合作条款的讨论。特设委员会主席唐·麦凯（Don Mackay）发言称，"国际合作"对于各代表团来说，都是一个重要的议题，应当及时处理一些分歧，达成共识。公约不仅是一项人权文书，也是一项社会发展文书，帮助残疾人更有效地参与社会，在这方面，国际合作的作用必不可少。但是，国际合作只是国家实施《公约》义务的补充而不是代替。一些国家对国际合作包括"发展方案"的内容持有异议。对于"酌情"提供技术和经济援助表述中的"酌情"一词认为不够明确。以色列建议在第1款"国际合作的措施"第2项内加入"培训方案"。③在此次会议上，协调员与各方广泛讨论，综合各方意见之后给出了一个建议文本。④《公约》最终文本即完全采纳了建议文本，加入了"培训方案"的内容，其他内容没有变化。

4.1.3 《公约》实施机制的特点

《公约》确立了完善的实施制度框架，包含了广泛的实施措施和手段。《公约》第32条和第33条的规定是《公约》实施机制的主体内容。第32条规定，缔约国为实现本《公约》的宗旨和目的，必须开展和促进国际合作，另外，缔约国应与相关国际和区域组织以及民间社会、特别是残疾人组织开展合作以促进《公约》的实施进程。第33条要求缔约国在其国内设立专门的机制来负责《公约》的实施和监测，包括在政府内部指定协调中心、建立协调机制，设立独立的、专门的机构和机制以促进、保护和监测公约实施，以及要求缔约国保障民间社会特别是残疾人及其代表组织充分参与监测进程。

首先，在国际和国内层面明确规定了各国的义务，把国际合作以及建立国内实施和监测机制都列为缔约国必须履行的义务，是对传统国际人权法的发展，也为缔约国提供了更为明确的《公约》实施指南。

---

① 特设委员会工作组提交特设委员会的报告，A/AC.265/2004/WG.1，第28页附件2.
② http://www.un.org/esa/socdev/enable/rights/ahc6sum12aug.htm,，最后浏览日期2020年6月25日。
③ 参见联合国网站，http://www.un.org/esa/socdev/enable/rights/ahc7sum02feb.htm，最后浏览日期2020年6月25日。
④ 参见联合国网站，http://www.un.org/esa/socdev/enable/rights/ahc7docs/ahc7faintcooprev2.doc，最后浏览日期2020年6月25日。

其次，在国内实施机制方面，秉持强制性与灵活性相结合的原则，强制性即把建立协调机制、独立机制作为必须履行的义务，灵活性则是允许各国根据国情和法律制度，有选择性地确立符合国情的实施机制，如可以指定一个或多个协调中心，建立一个或多个协调机制等。①

最后，强调民间社会，特别是残疾人及其代表组织的参与。在《公约》起草阶段，民间组织发挥了不可替代的作用，他们对《公约》制定的参与程度在人权条约立法史上是绝无仅有的。正因如此，《公约》凝聚着多方智慧，反映了残疾人最真切的需要，才能获得如此广泛的支持。为此，《公约》在关于"国际合作"的规定中，特别提到缔约国要与民间社会特别是残疾人组织进行合作，关于"国家实施和监测"的规定，要求缔约国保障民间组织特别是残疾人及其代表组织充分地参与到《公约》的实施进程和监测进程中来。可以说，民间组织特别是残疾人组织的参与程度直接关系着《公约》的实现程度。

4.2 《公约》确立的国家实施机制

《公约》确立的国家实施机制包括：（1）建立保障《公约》实施的机构和相应机制，主要是确立政府内部的协调中心及协调机制以及设立专门负责实施、监测《公约》的独立机构和独立机制；（2）为实现《公约》规定的权利而所采取的一系列具体措施，主要是立法措施、行政措施和司法措施等；（3）为促进《公约》实施而进行的数据统计和收集的工作；（4）《公约》特别强调发挥民间组织特别是残疾人组织在《公约》实施中的作用，尤其要保障残疾人及其代表组织能够充分参与到独立的国内监测进程中来。下文将着重从这几个方面分析《公约》确定的国家实施机制。

4.2.1 政府内部的协调机制

4.2.1.1 指定协调中心

《公约》第33条规定，缔约国应当根据本国的实际情况，在政府内指定一个或者多个协调中心，负责有关实施本公约的事项，并适当考虑在政府内设立或指定一个协调机制，以便利在不同部门和不同级别采取有关行动。

残疾事务关涉许多社会问题，牵涉不同的部门，因此建立协调中心和协调机

---

① 参见联合国网站，http://www.un.org/esa/socdev/enable/rights/ahc4sumart25.htm，最后浏览日期2020年6月25日。

制是非常必要的。协调中心应当是政府部门/部位的一个或多个,能代表所有与残疾事务相关的部门采取积极有效的措施来提高政府部门对《公约》的认识、参与制定实施《公约》的具体计划、监督及报告职责内的情况。协调中心还承担与民间社会密切联系和合作的责任。①

协调中心的选择当然也要符合《公约》的理念和基本原则,体现先进的残疾人人权观念。首先,协调中心应尽量避免选择卫生部或特殊教育部门、福利部门和劳动部门,应当选择司法部门,或者选择具有司法/准司法职能的人权部门。例如,在澳大利亚,司法部是该国实施《公约》的协调中心。其次,协调中心应设置于中央/联邦政府的核心部门,如总统/总理/内阁办公厅内部,这样能获得较高的权威和职能,有利于协调中心切实履行职责,发挥作用。例如,在南非,残疾人事务部门直接隶属于总统府。最后,协调中心的任务在于就《公约》实施向政府提供信息、咨询及指导,例如,在政府准备《公约》实施的报告、监测工作等方面予以支持。②

4.2.1.2 建立协调机制

为便利不同部门和不同级别采取实施《公约》的行动,除指定协调中心外,《公约》还提请各国适当考虑在政府内部设立或指定一个协调机制。③ 协调机制应成为政府与民间组织、残疾人组织联络、交流的渠道,搭建两者合作的平台。协调机制通常包含一个独立的协调机构,例如,以协调委员会的形式,由来自不同部委、残疾人组织、民间组织、工会的代表组成。如在德国,负责实施《公约》的协调机构——包容咨询委员会是协调机制的核心,由4名来自工业、贸易、教会、研究等机构和组织的专家组成,其成员大多是残疾人。包容咨询委员会代表协调机制,负责对外联络,其专家委员负责提交相关报告。④ 韩国在国务总理办公室下设置了残疾人政策协调委员会来进行残疾人政策的研究,发挥协调职能。⑤ 而在中国的香港特别行政区,早于1977年成立的康复咨询委员会被授权担任《公约》实施的协调部门,其康复专员直接负责协调工作,向劳工及福利局局长报告工作。康复咨询委员会的成员由香港特别行政区长官直接任命,包括

---

① Gautier de Beco, Article 33 of the UN Convention on the Rights of Persons with Disabilities: Structures for the Implementation and Monitoring of the Convention, Netherland: Martinus NIJHOFF Publishers, 2013, p. 30.

② 联合国人权事务高级专员办事处关于实施和监测《公约》国家机制的结构和作用的专题研究,A/HRC/13/29,第25-29段。

③ 《公约》第33条第1款。

④ 德国《残疾人权利公约》实施情况的初次报告,CRPD/C/DEU/1,第284-290段。

⑤ 韩国《残疾人权利公约》实施情况的初次报告,CRPD/C/KOR/1,第166-169段。

残疾人、残疾人家长、非政府组织代表、学术界代表、相关领域专家等。①

4.2.2 设立独立机制

《公约》第33条规定，缔约国应当在本国法律和行政权力的体系下，确立独立机制，以促进、保护和监测本公约的实施，而且在建立这一机制时，充分考量本国国情，充分吸纳民间力量，特别是残疾人组织、非政府组织，保证其能积极参与监测的进程。实际上，《公约》规定的独立机制的功能已经大大超出了"监测"的范围，还包含着促进、保护的职能，即促进《公约》的实施，保护残疾人群体的合法权益。为此，除了监测国家实施《公约》的状况，独立机制还实施一系列广泛的活动，如提供立法咨询，审查执法效果，提出审查建议。另外，对残疾人的保护涉及接收、调查、审查个人或集体的投诉并作出处理意见等。

4.2.2.1 独立的国家人权机构

根据《公约》第33条第2款的规定，在指定或建立独立机制时，缔约国应当考虑与保护和促进人权的国家机构的地位和运作有关的原则。因此，在设立独立机构时，应当将《关于促进和保护人权的国家机构的地位的原则》（亦称"巴黎原则"）和《维也纳宣言和行动纲领》作为机构设立、运行的准则。根据巴黎原则设立的国家人权机构应当成为一国履行《公约》本条规定的核心机构。在实践中，一些国家即指定现有的国家人权机构来履行相应职能，如德国联邦政府指定德国人权学会作为独立机构，建立独立机制，履行相应职能。英国指定平等与人权委员会作为独立的人权机构。在韩国，全国人权委员会执行独立机构的具体工作。还有一些缔约国设立了新的机构，如奥地利，设立了专门的独立监测委员会，来履行《公约》第33条的义务。另外还有一些国家赋予或扩大特别机构的职能，如西班牙指定残疾人代表委员会来承担相应的职责。而巴西的全国残疾人委员会因其由政府官员和民间组织共同组成，正着手进行机构改革以保证该机构的独立性。

独立机制运行的前提是获得国家明确的授权，因此一国的宪法和法律应当对独立的人权机构及体制予以明确的规定。独立机制的核心是获得强大的执行能力。因此，独立机构一般享有准司法管辖权的地位，有权接受、审议相关的申诉，可以调解或者发布具有法律约束力的决定，或者把投诉、申诉转交司法机关等。②

---

① 中国香港《残疾人权利公约》实施情况的初次报告，CRPD/C/CHN-HKG/1，第33段。
② 联合国人权事务高专办关于实施和监测《残疾人权利公约》国家机制的结构和作用的专题研究，A/HRC/13/29，第37-41段。

4.2.2.2 独立机制确保民间社会的参与

《公约》第33条第3款要求缔约国保证民间社会,特别是残疾人及其代表组织参加并充分参与监测进程。民间社会在人权条约的实施、监测方面发挥着必不可少的作用,是推动一国人权事业发展的重要力量。残疾人及其组织参与监测《公约》实施的进程,是践行《公约》残疾人"充分参与"原则的体现,是缔约国应当履行的"一般义务"的要求。另外,民间组织和残疾人组织的参与,不限于监测的活动和过程,而适用于独立机制职能范围内的所有活动。因此,在独立机制、独立机构的设立之初就应确保残疾人及其代表的参与,而且人权机构的组成也应当充分考量纳入残疾人代表。[①]

4.2.3 制定实施措施

《公约》建立在国际人权领域超过50年的经验的基础上,吸收了从《联合国宪章》《世界人权宣言》到诸多人权条约和相关协议的先进理念与价值。然而,完善的内容规定仅是促使《公约》得以实施的第一步,要使其涵盖的权利从"纸面"到"现实",需要缔约国采取一系列有效的措施。[②] 根据以往人权条约的实践经验以及《公约》关于缔约国应当承担的"一般义务"的规定,这些措施概括而言主要有:立法措施,包括制定、修改国家残疾人法;行政措施,包括制定、修改有关残疾人和残疾问题的一切政策、方案,促进包容性的社会发展,提高社会意识,增强民间社会包括残疾人组织的能力;司法措施,促进《公约》在其内国的司法适用,等等。[③] 本书第2章第3节对《公约》第4条缔约国承担的"一般义务"进行过初步讨论。下面将结合《公约》的其他规定对缔约国应当承担的具体义务——即应采取的具体实施措施进行进一步的分析。

4.2.3.1 全面审查法律和政策框架

《公约》对其本国生效后,各国首先需要根据《公约》的内容和原则全面审查本国的立法和政策框架,包括现行法律政策以及正在起草过程中的法案。根据以往人权条约机构对全面审查的建议,各国应当严格进行审查工作,"不但必须考虑《公约》的每条规定,还必须从整体上进行考量,承认人权的相互依存性

---

① 联合国人权事务高级专员办事处关于实施和监测《残疾人权利公约》国家机制的结构和作用的专题研究,A/HRC/13/29,第69—73段。

② Hissa Al Thani, Convention on the Rights of Persons with Disabilities: A Progressive Human Rights Instrument (Geneva), September 2006, http://www.un.org/esa/socdev/enable/srstathrc2006.html, 最后浏览日期2020年4月12日。

③ Janet E. Lord Michael Ashley Stein, The Domestic Incorporation of Human Rights Law and the United Nations Convention on the Rights of Persons with Disabilities 83 Wash. L. Rev. 449 (2008), p.467.

和不可分割性"。鉴于《公约》是一部综合性的人权条约,涉及的内容非常广泛,因此缔约国的审查工作应当超出传统的残疾人立法领域,同时审查其国内的刑法和民法,以及涉及无障碍、选举、移民和国籍、司法程序、拘押和监狱、保险、教育、就业、卫生、精神健康及治疗、监护和法律人格、福利和养老金等内容的全部立法和相关政策、方案等。① 通过全面的审查活动,确定下一步的实施措施。

4.2.3.2 采取立法措施

通过立法措施将《公约》适用于国内实践,是国家实施《公约》,兑现保障人权承诺的必然途径。② 根据《公约》规定,应当采取一切适当的立法措施实施本公约确认的权利,修订或废止构成歧视残疾人的现行法律、法规、习惯和做法等。③ 缔约国采取的一切立法措施都应坚守残疾的人权理念,立法过程都应充分保障残疾人的参与。在《公约》出台之前,世界上只有四十几个国家有专门的残疾人立法,现已有超过 100 个国家出台了残疾人保障立法,改变了长期以来残疾人在法律体系中的"隐形"身份,提高了法律对残疾人权利的保障力度。根据 2011 年第四届《公约》缔约国会议的报告,在公约的缔约国中,2006－2011 年,有 37 个缔约国采取了超过 140 项立法措施,其中立法措施较多的澳大利亚和阿根廷分别有 14 项和 11 项。④

1. 宪法

宪法在一国法律体系中居最高地位,通过宪法规定来保护残疾人权利是最有效的立法途径。⑤ 在《公约》的缔约国中,有许多国家的宪法明确规定了残疾人权利条款,如德国《基本法》第 3 条规定,残疾人享有平等的权利,不得基于残疾而歧视任何人。韩国《宪法》第 10 条规定所有国民,无论残疾与否,均享有作为人的尊严和价值以及追求幸福的权利。残疾人有机会参与宪法改革过程,将国际标准写入宪法框架。秘鲁的《政治宪法》也有尊重残疾人尊严,确保其享有法定保护、照料、复健和保障的内容。

在《公约》影响之下,许多国家通过修宪措施,加入反残疾歧视条款,来

---

① 联合国人权事务高级专员办事处关于促进对《残疾人权利公约》的认识和了解的专题研究,A/HRC/10/48,第 30－31 段。

② Hissa Al Thani, Convention on the Rights of Persons with Disabilities: A Progressive Human Rights Instrument (Geneva), September 2006, http://www.un.org/esa/socdev/enable/srstathrc2006.html, 最后浏览日期 2020 年 4 月 12 日。

③ 《公约》第 4 条第 1 款。

④ Compilation of Legislative Measures Undertaken in the Implementation of the Convention on the Rights of Persons with Disabilities: 2011 Update, CRPD/CSP/2011/CRP.5.

⑤ 陈新民:《残疾人权益保障——国际立法与实践》,华夏出版社 2003 年版,第 36 页。

加强对残疾人权利的保护。例如，在乌干达和南非，新修订的宪法均明确承认残疾人的人权主体地位，而且在这两个国家修宪过程中，充分保障法律边缘化群体——残疾人的参与权，鼓励他们表达政治意见、行使政治权利。在这两个国家，残疾人组织的积极作用促使新的宪法反映了残疾人群体的利益需求。在尼泊尔和赞比亚，残疾人及其组织也积极参与宪法改革的工作。[1]

2. 专门立法和一般立法

越来越过的国家通过制定专门的残疾立法来保障残疾人的权利。在《公约》缔约国中，一些国家早就颁布了相关的反歧视法律。如，韩国的《禁止歧视残疾人及补救法》是一部全面规定反对残疾歧视的权利法典。另外，韩国还针对残疾人就业和职业康复制定了《残疾人就业促进和职业康复法》。2011年韩国又修订了《残疾人福祉法》，规定为登记的残疾人提供福利服务。德国的联邦《社会法典》第9部专门规定了残疾人权利的内容，联邦和各州均通过了《残疾人平等机会法》，促进残疾人的自主参与。此外，德国专门的反歧视立法《普遍反歧视法》保护因包括残疾在内的特性而处于不利处境的公民。另外，各国的一般性立法也常有关于残疾人权益的内容，例如，民法，往往涉及残疾人法律能力及监护制度的规定，刑法，涉及残疾人的法律责任内容，以及劳动法，涉及对残疾人的特别保护，等等。在《公约》的影响之下，一些缔约国依据《公约》的规定，开始进行专门立法制定或修订工作。2010年，圭亚那议会通过了《残疾人法》，该法案以《公约》所载的各项原则作为指引。布基纳法索以及喀麦隆通过了关于保护和促进残疾人权利的法律。斯洛文尼亚参照《公约》和《千年发展目标》通过了《残疾人机会均等法》。[2]

《公约》为缔约国制定完善的残疾人权利保障法律体系提供了参考。无论是专门立法还是一般立法，各国对于残疾的定义、保护残疾人的措施都有很大差别。《公约》至少在三个方面对缔约国专门的残疾立法或者涉及残疾人权益的一般立法具有指导作用。首先，对于残疾的定义，《公约》确认残疾是伤残者和阻碍他们在与其他人平等的基础上充分和切实地参与社会的各种态度和环境障碍相互作用所产生的结果。《公约》明确区分了残疾和损伤，要求对于残疾概念的阐释必须反映残疾是一个人权问题，残疾人平等享有一切人权。其次，各国应采纳《公约》包含的原则和权利规定，特别是修订与《公约》不符的规定，补充本国法律规定中缺失的权利内容。最后，《公约》是一部反歧视的人权条约，为各国

---

[1] Janet E. Lord Michael Ashley Stein, The Domestic Incorporation of Human Rights Law and the United Nations Convention on the Rights of Persons with Disabilities 83 Wash. L. Rev. 449 (2008), pp. 468 – 469.

[2] 联合国秘书长的报告：为残疾人实现千年发展目标和其他国际商定的发展目标，A/66/128，第29段。

实现残疾人的平等权利构建了立法框架。各国应在此框架下,根据自身的条件决定采取何种平权措施以最有效地禁止歧视,加强残疾人的人权,确保残疾人获得实质的公平。[1]

4.2.3.3 采取行政措施

行政保护在残疾人权利保障方面发挥着重要的作用。第一,行政机关履行公共服务的职能,是执行残疾人保障立法、维护残疾人权利的主要义务主体,例如,在教育领域,教育部门和公立学校负有保护残疾学生平等受教育权的责任,不得把残疾学生排斥在普通教育系统之外。在就业方面,行政机关作为公共部门本身即受残疾人相关立法的约束,应当践行反歧视的原则,平等招录残疾人就业。另外,还包括在公共服务方面为残疾人提供合理的便利,在公共场所建设无障碍的环境等。

第二,行政机关有分配公共资源、制定具体的公共政策和方案的职责,涉及残疾人生活的方方面面。良好的公共政策和方案对全面保护残疾人权利具有重要的推动作用,反之,则对残疾人权利的实现产生不利影响。《公约》第4条强调各国应当把残疾问题纳入相关可持续发展战略之中,推行的一切政策和方案中考虑保护和促进残疾人的人权。

第三,行政机关还承担进行宣传教育,提高公众意识的职责。残疾人长期处于社会的边缘,其本身对自身权利的认识并不充分,维权意识不强。而文化传统对残疾人的歧视和偏见根深蒂固,公众缺乏从权利视角对待残疾人的意识,法制观念淡薄,侵害残疾人权利的现象非常普遍。《公约》第8条"提高认识"条款详细说明了缔约国为提高认识、消除定见、偏见和有害做法而采取的各项行政措施,包括宣传运动、教育手段、媒体机构、培训方案等,提高整个社会对残疾人权利和尊严的尊重。

第四,行政机关应与民间组织特别是残疾人组织合作以促进《公约》得以有效实施。《公约》第4条第3款规定,缔约国应当在为实施本公约而拟订和施行立法和政策时以及在涉及残疾人问题的其他决策过程中,通过代表残疾人的组织,与残疾人,包括残疾儿童,密切协商,使他们积极参与。只有保障民间社会尤其是残疾人组织的充分参与,才能发挥其潜能和作用,而残疾人的权益才可能得到充分保证,充分融合的目标才有望实现。另外,政府可以通过资金支持或其他形式的支持以提高民间组织的能力,并且以购买服务的方式加强在残疾人权利保障领域的合作。

---

[1] Janet E. Lord Michael Ashley Stein, The Domestic Incorporation of Human Rights Law and the United Nations Convention on the Rights of Persons with Disabilities 83 Wash. L. Rev. 449 (2008), pp. 470 – 471.

许多缔约国已经积极采取行政措施以实施《公约》，促进本国残疾人人权事业的发展。澳大利亚、加拿大、意大利、日本等国家为促进无障碍环境建设提供特别的资金支持。德国联邦政府已于 2009 年制定了执行《公约》的《国家行动计划》，包含 200 多个方案，计划在 10 年内全面提高残疾人人权的实现状况。韩国在其《国家增进和保护人权行动计划》中，把残疾人事项纳入其中，建立了残疾人政策协调委员会以负责制定综合性的残疾人政策并监测执行情况。该委员会有半数成员是残疾人组织的负责人，在制定和监测过程中保证残疾人及其组织能够广泛参与。卢旺达十年指导委员会制定了《国家计划（2010 – 2019 年）》，以提高残疾人的生活质量。秘鲁政府于 2008 年批准了《2009 – 2018 年残疾人机会平等计划》并成立了负责监督该计划实施的多部门常务委员会。在提高认识方面，如德国联邦劳动和社会事务部制定了《残疾人指南》手册，举办重大的国际、国内活动来推动公众了解《公约》。韩国政府已将有关残疾人人权及无障碍的相关内容写入中小学教科书中，另外通过电视、网络等途径宣传残疾人权利相关的信息。南非政府号召禁用不合适的词汇来指称残疾人。尼日利亚官方报道已经不再使用残疾人与"正常人"这种对称。①

4.2.3.4 采取司法措施

司法救济是权利保护的最后一道防线，在残疾人权利受到侵害之后，通过司法途径才能使他们的权益最终得到维护。《公约》为缔约国的法院裁判残疾人权益相关的案件提供了新的参考标准。在国际法适用与国内方面奉行"一元论"的国家，《公约》的内容可以直接作为裁判的依据，这种做法在执行残疾人国际人权规范时可以起到重要作用。但多数国家还需要把《公约》的内容转化为国内法律规定才能在法院得以适用，主要包括：①把《公约》认可的权利纳入国家法律制度中的"权利法案"之内，例如，直接写入《宪法》或有类似地位的法律中。②在民法、刑法和行政法中分别制定不同的法律措施，使《公约》认可的权利得以生效。③在国家法律程序中执行《公约》的规定。②

为加强对残疾人的司法保护，第一，缔约国应当根据《公约》第 12 条和第 13 条的规定，确认残疾人的平等法律地位和法律能力，确保其获得平等的司法保护。包括通过必要的协助以使得残疾人能行使其法律能力。第二，对残疾人予以司法救助。由于残疾人的客观不利地位和处境，加强司法救助是非常必要的。德国的《法院法》以及《刑事诉讼法》都规定了要为残疾人提供司法救助，如

---

① Janet E. Lord Michael Ashley Stein, The Domestic Incorporation of Human Rights Law and the United Nations Convention on the Rights of Persons with Disabilities 83 Wash. L. Rev. 449 (2008), pp. 475 – 476.

② 《国际公约、标准和规范在国内法中应用》，见联合国网站，http：//www.un.org/chinese/esa/social/disabled/application.htm，最后浏览日期 2020 年 4 月 12 日。

《刑事诉讼法》第 140 条特别规定，有听力或语言障碍的被告提出为他指定辩护律师的申请，必须得到满足。第三，司法机关实现无障碍的诉讼环境，为残疾人提供诉讼便利。例如，除了保障物质环境无障碍，确保残疾人能进入建筑，使用设施之外，还应提供无障碍的信息服务。如提供盲文或大字版的诉讼文书，提供手语翻译等，以保证交流畅通。如德国的《法院法》第 191 条，特别规定以无障碍形式为视力障碍的人提供法庭文件，以维护他们的权利。① 另外，可以有针对性地为残疾人简化司法程序，便利诉讼的进行。第四，按照《公约》第 13 条的规定，缔约国应当促进对司法领域工作人员，包括警察和监狱工作人员进行适当的培训。本条规定对残疾人在司法程序中获得平等对待意义重大。一些缔约国也采取了相应的措施，如韩国政府向警察局等公共机构开展普及《禁止歧视残疾人及补救法》的培训活动，至 2009 年已有 5 530 人参加了培训。韩国全国人权委员会发布有关残疾歧视的案例汇编，提高司法工作人员维护残疾人权利的意识和审判水平。②

4.2.4　全面的统计和数据收集

《公约》第 31 条明确规定缔约国要收集适当的信息，包括统计和研究数据。《公约》明确指出，统计和研究数据是落实公约的一个必要条件。数据收集能够真实反映各国残疾人的状况，是制定残疾人立法和政策的风向标。另外，数据收集能够作为评估一国实施《公约》情况的参考标准，有助于及时采取针对性的措施，消除残疾人权利实现的障碍。早在《标准规则》第 13 条就指出了收集残疾人生存状况相关数据的紧迫性。而且残疾问题相关数据应当纳入官方的国家统计工作中。全国人口普查必须包含残疾人数量、比例的内容，其他的统计工作，例如，收入、教育、健康，等等都应包含残疾的视角，提供有关残疾人的相关信息。数据收集还可以采用入户调查等形式，收集机构也包括大学、研究机构、残疾人组织等。③ 缔约国统计和数据收集应当遵循几个基本原则，首先确保依法收集信息，依法使用数据，依法保密信息，依法保障隐私。其次，统计和研究过程遵行保护人权和基本自由的规范，禁止以违背意志、侵害人权以及其他违反基本道德原则的手段开展这些工作。最后，确保统计数据的可得性，国家有责任公布和传播相关数据，以无障碍的形式，让所有残疾人和其他人都能够获取和使用这些数据。

---

① 德国《残疾人权利公约》实施情况的初次报告，CRPD/C/DEU/1，第 105 - 106 段。
② 韩国《残疾人权利公约》实施情况的初次报告，CRPD/C/KOR/1，第 59 段。
③ International Norms and Standards Relating to Disability, at, http://www.un.org/esa/socdev/enable/comp104.htm#4.1，最后浏览日期 2020 年 4 月 12 日。

根据缔约国的报告，阿根廷、格林纳达、墨西哥、阿曼和菲律宾就如何根据国家人口普查收集有关残疾人数据服务的情况作出了说明。阿根廷等国家将与残疾特别相关的指标引进其千年发展目标的监测和评价机制中。意大利、立陶宛和波兰等国家重视搜集就业或健康等领域的残疾数据。包括菲律宾和瑞典致力于将世界卫生组织的《国际功能、残疾和健康分类框架》应用于残疾统计之中。西班牙等国已将残疾指标纳入国家残疾研究所收集的全部在业人口统计数据中。而哥斯达黎加则于2011年建立了全国残疾统计登记册，旨在建立与《公约》相一致的统计工具。①

4.3 《公约》确立的国际合作机制

国际合作是推动全球人权事业发展的重要力量。早在联合国成立之时，各国在《联合国宪章》之下承诺"促进国际合作，以解决属于经济、社会、文化及人类福利性质之国际问题"。②《经济、社会、文化权利国际公约》③和《儿童权利公约》④等条约也有类似的规定，要求其缔约国采取措施，最大可能地利用现有资源，单独采取措施并借助国际合作实现经济、社会和文化权利。作为20世纪保护残疾人权利最重要的一份国际文书——《残疾人机会均等标准规则》在其规则第22条也特别规定了"国际合作"的内容，指出，各国应积极参加涉及残疾人机会均等政策的国际合作。《公约》突出对国际合作的重视，制定了关于国际合作问题的单独条款。《公约》第32条重申国际合作的重要性和目的，在国际合作的内容和形式方面作出了详尽的规定。

4.3.1 《公约》国际合作机制的内容和特点

《公约》在序言部分就提及"国际合作对改善各国残疾人，尤其是发展中国家残疾人的生活条件至关重要"。在第4条有关缔约国"一般义务"的规定中，第2款写道：关于经济、社会和文化权利，各缔约国承诺尽量利用现有资源并于必要时在国际合作框架内采取措施，以期逐步充分实现这些权利。《公约》第32条确立了在国际层面实施《公约》的国际合作机制。《公约》确立的国际合作机

---

① 联合国秘书长的报告：为残疾人实现千年发展目标和其他国际商定的发展目标，A/66/128，第35-37段。
② 《联合国宪章》第1条。
③ 《经济、社会、文化权利国际公约》第2条第3款，第22条，第23条。
④ 《儿童权利公约》序言和第4条。

制与以往人权文书关于国际合作的规定相比,在内容方面更为广泛,理念上更为先进,具有一定的创新性。

第一,《公约》确认开展和促进国际合作是缔约国应当承担的一项义务。国际合作的目的在于支持国家实现本公约的宗旨和目的,即促进、保护和确保所有残疾人充分和平等地享有一切人权和基本自由,并促进对残疾人固有尊严的尊重。尽管国际合作在确保残疾人权利落实方面有重要作用,但不能代替缔约国在其国内实施《公约》的义务。各国仍然是履行《公约》义务的主要承担者。

第二,《公约》详细列明国际合作包含的主要内容,包括:(1)确保包容和便利残疾人参与国际合作,包括国际发展方案。(2)促进和支持缔约国能力建设,即提高缔约国履行《公约》的水平,可以采取交流和分享信息、经验、培训方案和最佳做法等方式。(3)促进研究方面的合作,便利科学技术知识的获取。(4)酌情提供技术和经济援助,包括便利获取和分享无障碍技术和辅助技术以及通过技术转让提供这些援助。《公约》规定的合作内容并不限于促进经济、社会和文化权利的实现方面,而是延展至更为宽广的人权领域,把促进公民权利、政治权利以及发展权利的内容都囊括在内。另外,联合国人权高专办在相关研究报告中指出,国际合作还应包括国际人道主义援助等内容。①

第三,《公约》建立了一种基于对所有人不分能力大小都不加歧视和予以尊重的新型国际文化。《公约》规定的国际合作机制是践行和普及这种文化的不可或缺的因素。②《公约》第32条的内容即反映了在各个领域,尤其是经济和技术方面的国际合作、援助对于促进一国有效实施《公约》极其重要。

第四,《公约》的国际合作机制体现了包容的、便利的理念。

《公约》第32条第1款第1项要求缔约国采取措施确保包容和便利残疾人参与国际合作,包括国际发展方案。"包容",要求不把残疾人和残疾人代表组织排除在发展方案编制、执行或监测和评价之外,还要积极采取措施促进残疾人的充分参与。"便利",要求缔约国提供无障碍的物质环境、信息环境、交通服务以及享用其他公共设施的服务。③

第五,《公约》以基于人权的方式开展国际合作。第32条承认国际合作机制的作用是支持实现《公约》的宗旨和目的的。另外,国际合作遵守《公约》的基本原则,最具体是指要有包容性和便利性。国际合作以促进和支持缔约国能

---

① 联合国人权事务高级专员办事处关于国际合作在支持本国落实残疾人权利方面努力中的作用的专题研究 A/HRC/16/38,第13段。

② 社会发展委员会残疾问题特别报告员关于监察《残疾人机会均等标准规则》执行情况的报告 E/CN. 5/2008/3,第72段。

③ 联合国人权事务高级专员办事处关于国际合作在支持本国落实残疾人权利方面努力中的作用的专题研究,A/HRC/16/38,第13段。

力建设为重点内容。这些因素都反映了以人权为基础促进发展的 3 项基本原则：1. 所有国际合作应进一步落实人权，包括《世界人权宣言》和其他人权文书规定的人权；2. 人权标准和原则应指导所有发展方案的制定以及实施、监测和评价的所有阶段；3. 国际合作应推动义务承担者的能力建设，使其切实履行义务，推动权利人享有并实现自身权利。①

4.3.2 《公约》国际合作机制的形式

《公约》第 32 条对国际合作的形式作出了规定，该条第 1 款规定，缔约国必须开展和促进合作，并酌情与相关国际和区域组织及民间社会，特别是与残疾人组织合作。可见，《公约》国际合作机制的形式主要包括国家之间的合作，缔约国与国际组织和区域组织的合作以及缔约国与民间社会、残疾人组织的合作等。

4.3.2.1 国家间的合作

国家之间的合作是国际合作的主要形式。国家间的合作对促进《公约》在世界范围内获得有效实施意义重大。首先，基于国别或地区的有益经验可以在合作的框架内而获得推广，并且帮助其他国家避免之前的错误做法。其次，国家合作对发展中国家尤其重要，例如，发达国家通过经济和技术援助，支持发展中国家落实《公约》。再次，合作机制能推动残疾人相关领域的研究和技术的创新，例如，辅助技术、信息技术等的发展将使残疾人大大受益。国家间的合作不仅限于发达国家与发展中国家之间的合作，还包括广义上的南北合作、北北合作和南南合作。国家间的合作不仅包括缔约国之间的国际合作，还包括更广泛的国家之间的合作。②

关于国家间的合作，联合国人权高专办发布的国际合作专题研究报告给出了较丰富的实践案例。在国家合作中，南北合作是最常见的国际合作模式，合作内容包括发展合作、能力建设和信息共享等。如，西班牙为墨西哥的能力建设和信息共享领域提供援助。德国支持智利在该国的早期教育系统中吸纳残疾儿童，帮助近 2 200 名残疾儿童入读普通幼儿园。印度尼西亚与瑞典开展保护残疾人权利的合作，等等。南南合作，如墨西哥与拉丁美洲其他国家开展国际合作，以促进残疾人参加体育活动。在海地发生地震后，巴西为其残疾人康复领域提供双边支持。毛里求斯与印度和南非签署了在残疾问题上合作的《谅解备忘录》等。另外，在 2010 年 8 月举行的就残疾问题开展南南合作的高级官员会议重申了亚太

---

① 联合国人权事务高级专员办事处关于国际合作在支持本国落实残疾人权利方面努力中的作用的专题研究，A/HRC/16/38，第 14 段。

② 联合国人权事务高级专员办事处关于国际合作在支持本国落实残疾人权利方面努力中的作用的专题研究，A/HRC/16/38，第 6 段。

区域对南南合作的承诺，会议通过了《就残疾问题开展南南合作的曼谷声明》。在确保残疾人参与国际合作方面，如新西兰的援助方案，倡导残疾人积极参与所有相关领域公共政策的对话、制定和执行。意大利公布残疾人参与发展合作的准则，该准则的基础是残疾观念的社会模式。挪威正在制定规章，要求所有接受政府资助的非政府发展项目必须将残疾人纳入。①

4.3.2.2 缔约国与国际、区域组织的合作

国际合作的形式还包括缔约国与相关国际及区域组织的合作，如缔约国与联合国、美洲国家组织、非洲联盟或欧洲委员会的合作等。《公约》承认国际和区域政府间组织在推动《公约》实施方面发挥着重要的作用。具体表现在：1. 收集和宣传关于《公约》的信息，以及通过技术援助、发展合作等途径为各国切实执行《公约》提供指导。2. 国际和区域组织还在交流知识、统一术语和概念、达成共识、传播良好做法以及推动和协调研究方面发挥着作用。3. 在国际和区域两级，为各国提供平台，分享与《公约》相关的国际合作经验，并确定面临的挑战和可采取的最佳措施。

缔约国与国际和区域组织的合作实践，对《公约》的落实产生了很大的推动作用。如国际劳工组织与许多发展中国家合作，增强其在就业法律和政策制定方面的能力。世界卫生组织与亚太国家密切合作，积极促进社区康复方面的信息共享、研究和发展。在埃及，联合国多组织联合执行的方案为政府提供技术援助，协助其制定执行《公约》的国家行动计划。在海地，人权高专办领导的保护组与国际残疾人组织合作，倡导将残疾问题纳入救灾和重建过程的所有阶段。区域组织，如非洲联盟出台《非洲大陆行动计划》，以指导非洲联盟成员国落实两个"非洲残疾人十年"计划。西亚经济社会委员会为阿拉伯国家残疾人事业发展制定了若干目标，要求在减贫、康复、就业等方面作出积极努力。欧盟委员会制定了《残疾与发展指导说明》，为成员国提供在发展合作背景下处理残疾问题的指导意见。②

4.3.2.3 缔约国与民间组织和残疾人组织的合作

民间组织对监督全球和一国的管理事务，特别是在人权问题上有合法的声音，在促进人权发展方面扮演着重要的角色。《公约》特别重视民间组织的作用。在《公约》的起草过程中，特设委员会对民间组织的作用予以高度认可。政

---

① 联合国人权事务高级专员办事处关于国际合作在支持本国落实残疾人权利方面努力中的作用的专题研究，A/HRC/16/38，第 17－20 段。

② 联合国人权事务高级专员办事处关于国际合作在支持本国落实残疾人权利方面努力中的作用的专题研究，A/HRC/16/38，第 22－34 段。

府与民间组织及残疾人组织的合作亦是落实《公约》内容的重要途径。政府保障民间组织及残疾人组织的合法地位,将其全面纳入《公约》的实施及监测机制中,发挥民间组织及残疾人组织对相关领域的专业优势,[1] 采纳其保障残疾人权利的经验,采取更有效的措施来实施《公约》。政府同时通过对民间组织提供项目支持以及通过购买服务等方式来促进民间组织的能力建设。

《公约》许多缔约国积极与民间组织和残疾人组织开展合作,以推动残疾人人权保障的进程。如德国支持残疾人组织在柬埔寨、越南和坦桑尼亚推行的国家减贫战略。英国支持残疾人组织参与尼日利亚的修宪过程。丹麦民间社会组织与尼泊尔国家残疾人联合会合作,推动尼泊尔批准了《公约》。欧盟2006 - 2008年资助开展了"将残疾问题纳入发展合作主流"项目,吸引了包括残疾人组织在内的12个欧洲民间社会组织参加。该项目由非政府组织、残疾人组织、地方实体和意大利外交部执行,负责收集相关数据并建立无障碍数据库。2010 - 2012年,欧盟继续为该项目提供资金,由包括民间组织和残疾人组织在内的11个伙伴运作,以推动欧盟成员国在实施《公约》方面保持一致。[2]

《公约》确立的国际合作机制,内容广泛、理念先进、实施形式多样,且注重保障残疾人组织的参与,有力地促进了国际合作的开展,确保其获得优良的成效。但是国际合作机制也存在一些不足和挑战,如缺乏明确的标准以规制所有的合作行动使其符合《公约》的原则和精神。政府间双边谈判的发展方案往往缺少民间社会的参与,特别是残疾人组织的参与,缺乏包容性。许多国际合作项目忽视性别因素,并缺乏对残疾妇女的特别关注。另外,在国际合作的内容方面,发展合作的实践多,而研究和技术合作的行动少。[3] 要充分发挥《公约》国际合作机制的作用,仍然任重道远。

---

[1] 陆以全:"论国际人权保护实施机制的完善",载《云南大学学报》(法学版)2004年第5期。
[2] 参见联合国人权事务高级专员办事处关于国际合作在支持本国落实残疾人权利方面努力中的作用的专题研究,A/HRC/16/38,第37 - 39段。
[3] 参见联合国人权事务高级专员办事处关于国际合作在支持本国落实残疾人权利方面努力中的作用的专题研究,A/HRC/16/38,第47 - 52段。

第5章 《公约》与我国残疾人权益保障立法和实践

我国于2007年3月签署了《公约》,且没有提出任何保留。这是我国首次完整签署国际人权条约,既是我国在接受人权条约方面的开创性举措,也明确表明了我国全面实施《公约》、实现残疾人权利的诚意和决心。根据《维也纳条约法公约》的规定,"条约必须遵守,凡有效之条约对其各当事国有拘束力"①,因此,《公约》的全部规定将在我国获得适用。

单就国际人权条约而言,据统计,中国已经加入23个国际人权条约和议定书,有19项是自20世纪70年代开始陆续批准加入的。而联合国九大核心人权条约,在我国生效的有六项,未签署的有《保护所有移徙工人及其家庭成员权利国际公约》《保护所有人免遭强迫失踪国际公约》。对于《公民权利和政治权利国际公约》,我国自1998年10月签署后迄今未批准。②对已经批准生效的核心人权条约,我国基本都对若干内容提出了保留。如我国在1992年加入《儿童权利公约》时,对该公约第6条提出了保留,"缔约国确认每个儿童均有固有的生命权。缔约国应最大限度地确保儿童的存活与发展"。2001年加入《经济、社会、文化权利国际公约》时,对第8条第1款第1项有关组织工会和参加工会权利的内容提出保留。

《公约》囊括残疾人生命和生活各方面的全部权利,包括公民权利与政治权利,经济、社会和文化权利以及发展权利在内的完整的三代人权内容。我国对《公约》内容的全部接受,为推进残疾人一切人权和基本自由的实现奠定基础,而且也成为我国全面发展社会主义人权事业的助推力。

对《公约》在国内的适用问题,应当置于我国处理国际法与国内法关系的大背景下考量。我国现行宪法回避了国际条约在国内适用以及两者发生冲突的相

---

① 《维也纳条约法公约》第26条。
② 参见联合国人权网,http://unhr.org/htm/ajax/Ax90.htm,最后浏览日期2020年2月1日。

关问题。① 从实践来看，国际条约在我国的生效主要采取自动纳入②与个别情形下转化为国内立法相结合的方式。我国《民事诉讼法》有相似规定，"中华人民共和国缔结或者参加的国际条约同本法有不同规定的，适用该国际条约的规定，但中华人民共和国声明保留的条款除外"。③ 对于国际条约与国内法的司法适用冲突，我国学界及实务界普遍认为国际条约的效力等级高于国内一般法，但低于《宪法》④，在与国内一般立法法有冲突时，优先适用国际条约。

《公约》第 4 条规定了缔约国的"一般义务"，要求缔约国充分采取立法、行政和其他措施，实施本公约确认的权利，修订或废止歧视残疾人的现行法律、法规、习惯和做法，在一切政策和方案中考虑保护和促进残疾人的人权，确保公共当局和机构遵循本公约的规定行事，消除任何个人、组织或私营企业基于残疾的歧视。另外，本条第 3 款要求缔约国确保通过残疾人组织促进残疾人、残疾儿童参与实施《公约》的进程。可见，《公约》强调将其规定内化为国内法，以融入一国法律体系，得以有效适用，从而保证发挥法律保障人权的强大作用。2008 年《公约》在我国生效后，我国密集出台了一系列保障残疾人权益的法律法规和政策方案，吸纳了《公约》的一些原则和内容。在司法实践中，我国不承认国际法适用于非涉外法律关系的纠纷，也没有在有关侵犯公民权利的案件中适用国际人权法的先例，因此实践中并不会出现针对《公约》与国内法冲突而进行选择的司法问题。如何将在我国已经生效的包括《公约》在内的国际人权公约的具体规定应用于司法实践中，尚是个空白领域。但是，基于履行《公约》的义务以及对"国际法效力高于国内法"⑤原则的遵守，结合我国具体的实践，解决《公约》与国内法的冲突，最彻底最有效的方式可能就是根据《公约》的规定完善国内残疾人权益保障法律制度。⑥

---

① 唐颖侠："国际法与国内法的关系及国际条约在中国国内法中的适用"，载《社会科学战线》2003 年第 1 期。

② "自动纳入"是指条约生效后，自动成为我国国内法的一部分，无须将条约的规定转换成国内法。

③ 《中华人民共和国民事诉讼法（2017 年修正）》第 260 条。

④ 参见陈欣新："国际人权公约在中国的适用"，载中国法学网，http://www.iolaw.org.cn/showNews.asp?id=1036，最后浏览日期 2020 年 4 月 10 日。

⑤ 《维也纳条约法公约》第 27 条。

⑥ 唐颖侠："国际法与国内法的关系及国际条约在中国国内法中的适用"，载《社会科学战线》2003 年第 1 期。

5.1 《公约》影响下的我国残疾人权益保障立法和残疾人权利实现状况

《公约》的实施主要通过缔约国的本国法律制度予以保障。因此，《公约》在一国的实施状况首先反映在其对该国法律制度的影响方面。本节意在阐明我国在批准《公约》生效之后，为实施《公约》而在立法层面所采取的具体措施，为下面两节探讨我国残疾人权利保障立法的不足之处和提出完善建议奠定基础。尽管《公约》创立了较为完善的残疾人权利保障法律体系，为各国提供了优秀的参考范本，但《公约》对一国法制的影响仍然取决于该国对保障本国残疾人人权的态度。通过本节的阐述，我们可以看出我国对发展残疾人人权事业的积极态度以及努力履行《公约》实施义务的大国担当。当然，实践中，我国残疾人权利的实现状况仍不容乐观。分析《公约》对我国残疾人权益保障法律制度的影响，不可避免会掺杂许多主观因素。而且法律制度变革究竟是受《公约》"外力"影响还是本国自觉的"内力"推动，也实在难以清晰界定。本节所用资料主要来源于官方的报告、报道。另外，考虑到内容完整性，本节仍从整体角度概述我国的残疾人权益保障法律制度，并不仅限于对受到《公约》"影响"的立法进行分析。

我国没有建立独立的《公约》实施机制，所以缺少《公约》实际执行情况的相关信息。国务院残疾人工作委员会（以下简称残工委）负责《公约》实施的相关事项，而且承担《公约》履约报告撰写工作，但该委员会的具体工作主要由中国残疾人联合会（以下简称中残联）承担，没有建立监测实施的工作机制，也不会定期发布《公约》的执行状况。[1] 全国人大常委会就《残疾人保障法》和《公约》履行工作进行执法检查，全国政协也承担对残疾人权益保障情况进行执法视察和调研的职能。对于《公约》在我国的实施状况即对我国残疾人权益保障法律制度以及残疾人权利实现的影响，笔者将主要参考我国 2010 年、2018 年向联合国残疾人权利委员会递交的履约报告[2]、全国人大常委会及全国政协的执法工作报告、残疾人联合会发布的相关监测报告以及学界就残疾人具体权利的分析研究。

---

[1] 见国务院残疾人工作委员会网站，http://www.gov.cn/fuwu/cjr/content_2630960.htm，最后浏览日期 2020 年 1 月 9 日。

[2] 仅分析我国大陆地区实施状况。

5.1.1 我国残疾人权益保障法律制度现状

目前我国已经基本形成了完备的残疾人权益保障法律制度。随着《公约》在我国生效，残疾人立法工作被提到前所未有的高度。从专门的残疾人保障法律的修改，到一系列配套法律、行政法规及地方性法规的出台，我国残疾人权益保障法律制度实现了跨越式的发展。我国涉及残疾人权益保障的法律达50余部，几乎涵盖了残疾人权益相关的全部重要内容，确立了以《中华人民共和国宪法》（以下简称《宪法》）为依据，以《残疾人保障法》《残疾人教育条例》《残疾人就业条例》《无障碍环境建设条例》以及《残疾预防和残疾人康复条例》等专门的残疾人法律法规为核心，以刑法、民法、诉讼法等法律为基础，以地方性法规、部门规章为支撑的完备的残疾人权益保障法律体系。[1] 下文所称的残疾人权益保障法律制度主要指的是专门的残疾人保障法律法规。

5.1.1.1 宪法

《宪法》是我国残疾人权益保障法律制度的母法。我国《宪法》第45条规定，我国公民在年老、疾病或者丧失劳动能力的情况下，有从国家和社会获得物质帮助的权利。国家发展为公民享受这些权利所需要的社会保险、社会救济和医疗卫生事业。国家和社会帮助安排盲、聋、哑和其他有残疾的公民的劳动、生活和教育。这是《宪法》对残疾人权益的专门规定，强调了残疾人的社会保障权和切身相关的医疗卫生权、就业权和受教育权利。2004年宪法修正案增加了规定了专门的保障人权的条款，第33条规定，中华人民共和国公民在法律面前一律平等。国家尊重和保障人权。这一规定为国家积极发展残疾人事业，把残疾人事业纳入社会主义法治轨道，为残疾人事业与人权发展事业密切结合奠定了基础。

5.1.1.2 其他规范性法律文件

第一，专门的残疾人立法。1990年我国通过了专门保障残疾人权益的法律——《残疾人保障法》，这是我国首部全面维护残疾人合法权益、促进残疾人事业发展的专门法律，体现了"平等、参与、共享"的现代残疾人观，大大提高了国家对残疾人权利的保障力度和残疾人权利的实现水平。另外，为实施《残疾人保障法》，全国有31个省、自治区、直辖市和部分较大的市结合本地实际，制定了具体的实施办法。2008年4月，依据《公约》的精神和原则进行修订的新《残疾人保障法》通过，当年7月正式施行。新的《残疾人保障法》引

---

[1] 《我国涉及残疾人权益保障的法律已达50多部》，载 http://www.chinanews.com/olympic/news/2008/09-01/1367096.shtml，最后浏览日期2020年8月2日。

入了《公约》"禁止基于残疾的歧视"内容,突出"维护残疾人的合法权益"的理念,明确奠定了反歧视的基调,为残疾人实现平等权利提供法律保障。新《残疾人保障法》生效后,浙江、山西、北京等19个省、自治区、直辖市修改了本地的残疾人保障法实施办法或制定了残疾人保障条例,以确保新法得以有效实施。[1]

第二,配套行政法规。《公约》在我国生效后,国家把一系列残疾立法和修法工作提上了日程,大大完善了我国的残疾人权益保障法律制度。2012年8月,《无障碍环境建设条例》正式施行,主要内容包括无障碍设施建设,无障碍信息交流,无障碍社区服务。此条例细化责任内容,具有很强的可操作性,对全国无障碍环境建设的顺利推进和发展具有重要意义。2013年2月,修订完成的《残疾人教育条例》草案公开征求意见,2017年2月公布,5月实施。该条例强化对残疾儿童接受融合教育权利的保障,采纳了《公约》的理念和有关残疾人教育的规定,是一部具有理论高度和实践指导意义的法规,对我国残疾人教育事业的发展产生了积极的推动作用。2015年7月,《残疾预防和残疾人康复条例》草案意见稿发布,并于2017年2月发布,7月施行,该条例对社会广泛关注的残疾预防和残疾人康复工作作出了详细规定,重点保障残疾人的康复权利,强调政府保障责任。

第三,部门规章。国务院部委等依据其职责,制定部门规章,采取具体措施确保法律法规内容落在实处。例如,2015年1月,为保护残疾人在航空运输过程中的合法权益,规范残疾人航空运输的管理及服务,中国民航局发布了《残疾人航空运输管理办法》。2015年8月,为提高特殊教育师资力量,教育部发布了《特殊教育教师专业标准(试行)》,对特殊教育教师的专业理念以及专业能力和知识等作出了具体规定。同年9月,国家财政部、税务总局以及中国残疾人联合会联合制定了《残疾人就业保障金征收使用管理办法》,加强对残疾人就业保障金的征收以及管理工作,提高残疾人就业的保障力度。

5.1.1.3 政策规划等

党和政府历来高度重视残疾人事业的发展。习近平主席指出,要格外关心、格外关注残疾人。党中央、国务院出台了一系列政策规划,为促进残疾人事业发展、维护残疾人权益作出顶层设计。2008年3月,中国国务院下发《关于促进残疾人事业发展的意见》,提出中国政府促进和保护残疾人权益的总体思想、指

---

[1] 李建国:"全国人民代表大会常务委员会执法检查组关于检查《中华人民共和国残疾人保障法》实施情况的报告——2012年8月27日在第十一届全国人民代表大会常务委员会第二十八次会议上", http://www.npc.gov.cn/npc/xinwen/2012-08/30/content_1735374.htm,最后浏览日期2019年12月29日。

导原则、目标任务和重大措施。这是中国残疾人工作的纲领性文件。2010年3月，国务院下发《关于加快推进残疾人社会保障体系和服务体系建设的指导意见》，要求到2015年建立起残疾人社会保障和服务"两个体系"基本框架，确保残疾人享有基本的生活保障、医疗保障和康复服务。尤其应当指出的是，《公约》的实施工作推动我国制定了首部以人权保障为主题的《国家人权行动计划（2009-2010年）》，该计划明确了国家保障人权的任务与措施，把生存权和发展权放在首位，重点保障民生，实现发展成果共享。该计划专门对促进残疾人权利发展作出了详细的战略部署。此外，国务院还发布相关的专项行动计划，如2016年发布《国家残疾预防行动计划（2016-2020年）》，为健全我国残疾预防工作体系，有效减少、控制残疾的发生作出明确规定。

国务院批转实施的"五年规划"是指导我国残疾人事业发展的纲领性文件，是国家级的专项规划。"五年规划"主要对残疾人事业发展进行总体布局，制定残疾人事业发展的目标和方向，安排部署五年内残疾人事业的主要任务、政策措施等内容。① 如《中国残疾人事业"十二五"发展纲要（2011-2015）》充分结合《公约》所确定的各项原则，全面规划残疾人康复、教育、就业、扶贫、社会保障、维权、文化体育、无障碍环境建设、残疾人组织建设等各项工作。此外，我国还发布了《农村残疾人扶贫开发纲要（2011-2020年）》，重点关注农村残疾人的民生工程，秉持发展与权利密不可分的理念，推动农村残疾人状况的全面改善。在残疾人教育方面，2014年1月、2017年7月，教育部等七部门相继发布了《特殊教育提升计划（2014-2016年）》和《第二期特殊教育提升计划（2017-2020年）》。《特殊教育提升计划》重点推进残疾儿童在普通学校接受融合教育，对完善我国特殊教育制度，提升融合教育水平有积极的影响。2015年8月17日，中国残疾人联合会等七部门联合下发了《关于加强残疾人社会救助工作的意见》，规定生活困难、靠家庭供养且无法单独立户的成年无业重度残疾人，经个人申请，可以按照单人户纳入最低生活保障范围。2015年9月22日，国务院又发布了全面建立困难残疾人生活补贴和重度残疾人护理补贴制度的意见（以下简称残疾人两项补贴制度）。两项补贴制度自2016年1月1日起在全国施行。

从以上分析可以看出，国家对残疾人的法律保障举措引领着残疾人事业法治化的进程。党和政府发布的政策规划在残疾人权益全面落实方面具有至关重要的作用。《公约》包含的权利、发展、全纳的理念和原则在这一进程中得以体现和运用。尊重残疾人权利，贯彻权利保障的宗旨，成为残疾人事业发展的主流。

---

① 陈曦、杨乐等：《从70个关键词看残疾人事业的发展》，载《中国残疾人》2019年第9期。

5.1.2 我国残疾人权利实现状况

中国残疾人联合会提供的数据显示，2010年年末我国残疾人总数已达8502万，约涉及全国1/5的家庭。① 2012年全国人大常委会关于《残疾人保障法》的首份执法检查报告表明，我国残疾人权益保障进入一个新的历史发展时期。逐步完善残疾人权益保障法律制度，促进残疾人事业在法制轨道与社会经济及整个人权事业的协调发展，残疾人权利实现状况不断进步。但是作为拥有世界上残疾人口最多的国家，我国发展残疾人事业，促进残疾人权利实现面临着许多挑战。相较经济社会发展的总体水平，残疾人在生活质量、受教育程度、就业等方面仍然属于较为弱势的群体，有待通过制度构建予以倾斜支持，使其获得全面发展，共享社会经济发展的成果。

5.1.2.1 获得社会保障的状况

目前，我国初步建立了残疾人社会保障法律制度。我国《宪法》第14条规定，国家建立健全同经济发展水平相适应的社会保障制度。第45条赋予公民在特定情况下从国家和社会获得物质帮助的权利，要求国家发展社会保险、社会救济和医疗卫生事业。《残疾人保障法》作为一部全面保护残疾人各项权利的专门性法律，是残疾人社会保障法律制度的主体。该法第6章详尽规定了残疾人享有的各项社会保障权利，明确政府和社会应当完善对残疾人的社会保障，改善残疾人的生活，鼓励、帮助残疾人参加社会保险，给予在生活、教育等方面的社会救助，以及其他专项补贴。国务院于1999年颁布的《城市居民最低生活保障条例》和2006年颁布的《农村五保供养工作条例》两部行政法规夯实了我国残疾人社会保障制度建设的基础。另外，国务院相关部门也发布了许多涉及残疾人社会保障的规章、规范性文件等。国家及地方层面不断推行有关完善残疾人社会保障体系的政策，等等。

我国针对残疾人的特殊需求，在社会保险、社会救助、残疾人托养等方面，加大支持力度，不断扩大残疾人受益群体，提高社会保障水平。如根据国务院要求，各地积极为重度残疾人参加新型农村和城镇居民养老保险提供支持，代缴部分或全部最低标准养老保险费用。自2009年新型农村养老保险制度实行以来，农村残疾人参加养老保险的比例不断提高，到2013年已经达到了84.7%。自2011年起，我国农村重度残疾人参与农村合作医疗的费用被纳入农村医疗资助范畴。在政府补贴政策的推动下，绝大多数农村残疾人参加了居民医疗保险。在

---

① 中国残疾人联合会网站，http://www.cdpf.org.cn/sytj/content/2007-11/21/content_30316035_2.htm，最后浏览日期2020年6月5日。

社会救助方面，国家加大对困难残疾人家庭的生活救助和医疗救助，保障其享有低保及其他专项补贴。① 截至2018年年底，残疾居民参加城乡社会养老保险人数2561.2万；595.2万60岁以下参保重度残疾人中，576万人得到政府的参保扶助，享受代缴比例达到96.8%。298.4万非重度残疾人享受了个人缴费资助政策。在残疾人托养方面，全国残疾人托养服务机构不断增加，超过8400家，为残疾人提供寄宿托养服务、日间照料等服务。②

我国残疾人社会保障法律制度还存在着以下问题，残疾人社会保障权未得到全面保护。一是，社会保障水平存在着明显的地区差异和城乡差异，例如，东部发达省份的低保标准普遍高于西部地区。城乡低保标准也存在很大的差异。有些地区标准过低，难以满足残疾人的基本生活所需。二是，总体而言，残疾人纳入低保范围的比例过低。2018年，全国共有城乡低保对象4527.7万人，其中，残疾人有578.3万人（重度残疾人196.3万人），占比12.8%。③ 总体而言，残疾人收入水平较低，享有低保的比例还应根据实际情况予以提高。三是，许多地区没有落实重度残疾人专项医疗补贴和生活补贴，使得这部分人群面临严重的医疗和生活困扰。还有一些农村地区的残疾人仍未参加城镇居民医疗保险。

5.1.2.2 受教育状况

我国构建了较为完备的残疾人教育法律体系。《宪法》第45条规定，国家和社会帮助安排盲、聋、哑和其他有残疾的公民的教育，赋予残疾人受教育的权利。《残疾人保障法》第3章专项规定了残疾人的教育问题，包括残疾人教育发展方针、教育理念和内容，等等。《残疾人教育条例》是专门保障残疾人受教育权的行政法规，该法规1994年颁布实施，2017年修订实施。《残疾人教育条例》全面规定了与残疾人教育相关的问题，在残疾人教育发展方针方面，与《残疾人保障法》一致。在残疾人教育内容方面，如特殊教育机构、特殊教育的层次、师资培养方面，在遵循《残疾人保障法》相关内容的基础上，作出了更为详细的、操作性更强的规定。这两部法律规范都明确规定残疾人有平等的受教育

---

① 参见李建国："全国人民代表大会常务委员会执法检查组关于检查《中华人民共和国残疾人保障法》实施情况的报告——2012年8月27日在第十一届全国人民代表大会常务委员会第二十八次会议上"，http://www.npc.gov.cn/npc/xinwen/2012-08/30/content_1735374.htm，最后浏览日期2020年4月29日。

② "2018年残疾人事业发展统计公报［残联发（2019）18号］"，http://www.gzdpf.org.cn/Article/cdpf/20982.html，最后浏览日期2020年4月29日．

③ 参见李建国："全国人民代表大会常务委员会执法检查组关于检查《中华人民共和国残疾人保障法》实施情况的报告—2012年8月27日在第十一届全国人民代表大会常务委员会第二十八次会议上"，http://www.npc.gov.cn/npc/xinwen/2012-08/30/content_1735374.htm，最后浏览日期2019年12月29日。

权利，有权进入普通教育机构"随班就读"，有权接受各种层次的教育，包括学前教育、义务教育、高级中等教育、职业教育、高等教育和成人教育等。《中华人民共和国义务教育法》《中华人民共和国高等教育法》等一般性教育立法也涉及残疾人教育的事项。其他专门法律如《未成年人保护法》也包含残疾人教育的内容。另外，自2008年起，国务院、教育部、中残联等发布了包括部门规章在内的旨在发展残疾人教育事业的规范性文件，如2014年1月教育部等部门制定的《特殊教育提升计划（2014－2016年）》，要求全面推进融合教育，三年内三类残疾儿童少年义务教育入学率达到90%以上，积极推行明确提出采取多项措施发展残疾儿童少年非义务教育阶段特殊教育，提高特殊教育水平以及加强校园无障碍设施建设等。《关于进一步加快特殊教育事业发展意见的通知》《国家中长期教育改革和发展规划纲要（2010－2020年）》等均提出保障残疾学生和残疾人家庭子女免费接受义务教育、发展学前教育。逐步解决重度肢体障碍、重度智力障碍、失聪、失明、脑瘫、孤独症等残疾儿童的教育问题等。2020年6月，教育部印发了《关于加强残疾儿童少年义务教育阶段随班就读工作的指导意见》，进一步完善残疾儿童少年随班就读制度，提高随班就读的教育质量。

普及残疾人义务教育一直是国家重点推进的工作，自2007年全面施行"两免一补"（免杂费，免书本费，补助寄宿生生活费）以及扶残助学等措施，残疾儿童接受义务教育的比例不断提高，2013年度《中国残疾人状况及小康进程监测报告》数据显示，6－14岁残疾儿童接受义务教育的比例为72.7%，有近六成在普通小学随班就读。[1] 根据2019年全国教育事业发展统计公报数据，我国特殊教育学校已达2192所。特殊教育学生人数超14万，义务教育阶段，残疾学生随班就读人数超过49%，送教上门学生17万，占特殊教育在校生的21.5%。[2] 2018年，中国残疾人事业发展统计公报指出，国家通过专项彩票公益金助学项目，为1.7万次残疾儿童接受学前教育提供资助。2018年，全国有1873名残疾人被高等特殊教育学院录取，有11154名残疾人进入普通高等院校学习。[3] 2014年3月，教育部下发《关于做好2014年普通高校招生工作的通知》，提出为盲人考生提供盲文试卷，为盲人参加普通高考开辟通道。2014－2018年，全国共有

---

[1] "2013年度中国残疾人状况及小康进程监测报告"，http：//cn.chinagate.cn/reports/2014－08/20/content_33291104_9.htm，最后浏览日期2019年12月29日。

[2] "2019年全国教育事业发展统计公报[1]"，http：//www.moe.gov.cn/jyb_sjzl/sjzl_fztjgb/202005/t20200520_456751.html 最后浏览日期2020年8月1日。

[3] "2018年残疾人事业发展统计公报[残联发（2019）18号]"，http：//www.gzdpf.org.cn/Article/cdpf/20982.html，最后浏览日期2020年4月29日。

23 位视障考生在普通高考中申请盲文试卷。① 可以看出,残疾人受教育权得到的保障逐渐加强,在融合教育方面,义务教育阶段的融合教育发展较快,高等教育阶段的融合教育也在不断推进。

我国残疾人受教育状况面临着以下问题。第一,我国残疾儿童接受义务教育的比例远低于全国水平。三类残疾(视力残疾、听力残疾和智力残疾)儿童的义务教育状况严峻。另外,多重障碍、自闭症、脑瘫儿童等面临无学可上的情况。第二,融合教育的效果有待提高。在现实中,一些残疾儿童被普通学校拒之门外的事件也时见报端,引发公众关注。现行"随班就读"的模式尚缺乏有效的支持体系,造成教育效果不佳,残疾儿童难以获得有质量的教育。此外,特殊教育学校作融合教育的支持资源中心,尚未充分发挥其作用。第三,目前我国残疾儿童学前教育和残疾人高等教育的面临的问题突出。如 3-6 岁残疾儿童接受学前教育率仅为 43.92%,低于健全儿童近 70% 的比率。高等教育方面,2013 年相关数据指出,18 岁及以上的残疾人中仅有 1.6% 受过大学专科及以上的教育。②

5.1.2.3 就业状况

我国《宪法》第 45 条规定,国家和社会帮助安排盲、聋、哑和其他有残疾的公民的劳动。《残疾人保障法》第 4 章全面规定了残疾人的劳动就业权利,对我国残疾人就业的主要途径——集中就业、按比例就业和自主就业进行规制。国务院 2007 年颁布的《残疾人就业条例》是专门保障残疾人就业权利的行政法规,在《残疾人保障法》相关规定的基础上,对用人单位的法律责任、政府保障措施及法律责任都作出了详细规定。另外,《劳动法》《劳动合同法》《就业促进法》都涉及残疾人就业权保障的内容,包括同工同酬,保护残疾人平等的就业权利,用人单位招用人员,不得歧视残疾人等规定。部门规章如 2007 年财政部、国家税务总局发布的《关于促进残疾人就业税收优惠政策的通知》,2013 年中组部、中编办、中残联等七部委联合发布的《关于促进残疾人按比例就业的意见》、2016 年国家税务总局发布《促进残疾人就业增值税优惠政策管理办法》等,通过完善按比例就业措施、实行税收优惠等来促进残疾人就业权的实现。

根据中残联发布的统计公报,2018 年全国持证残疾人就业人数达到 948.4 万,比上年增长了 36.7 万,其中按比例就业 81.3 万人,集中就业 33.1 万人,个体就业 71.4 万人,公益性岗位就业 13.1 万人,辅助性就业 14.8 万人,灵活

---

① 蔡聪:"对视障者参加普通高考'合理便利'政策的理解与思考——基于联合国《残疾人权利公约》的视角",载《现代特殊教育》2018 年第 12 期。

② "2013 年度中国残疾人状况及小康进程监测报告",http://cn.chinagate.cn/reports/2014-08/20/content_33291104_9.htm,最后浏览日期 2019 年 12 月 29 日。

就业（含社区、居家就业）254.6 万人，从事农业种养 480.1 万人。① 而《2013年度全国残疾人状况及小康进程监测报告》显示，2013 年我国城镇残疾人登记失业率是同年度全国城镇人口登记失业率的 2.5 倍之多。2013 年度，劳动年龄段生活能够自理的城镇残疾人就业比例为 37.3%，农村为 47.3%。② 目前，城镇残疾人口最主要的就业形式是集中就业和按比例安排就业，其次是个体就业和公益性岗位就业。为提高残疾人职业技能，全国专门的残疾人职业培训基地已经超过了 6000 个，38.2 万人次城镇残疾人接受了职业培训。盲人按摩事业稳定发展，按摩机构迅速增长。③

我国残疾人就业存在一些急须解决的问题：第一，残疾人的实际就业率低。从上文提到的数据可知，残疾人就业最主要的形式是农业种养和灵活就业，从业人数占到残疾人就业总数的 77%。残疾人按比例就业、个体就业、集中就业以及公益性岗位就业和辅助性就业人数较少，总占比仅为 23%。④ 第二，残疾人就业状况单一，稳定性差，待遇普遍不高。如盲人按摩机构一直是容纳盲人就业的主要途径。⑤ 对于很多盲人来说，选择按摩之外的职业，面临着诸多困难，一是求职前期难以获得其他职业相关的教育和培训，二是在实践中，许多单位设置门槛，未向盲人提供平等的就业机会。此外，还有调查显示，残疾人的工作持续超过 5 年的情况较少，而且就业质量不高，工种简单，报酬偏低。第三，缺乏对最困难的就业群体——残疾妇女、智力障碍和精神障碍群体的特别关注及保护。残疾妇女往往面临着双重的歧视，难以获得平等的工作机会，而且在工作中，在晋升、接受培训等方面也总处于弱势地位。智力障碍和精神障碍群体是就业权最难得到保障的群体，除了易遭受强迫劳动或不平等劳动的情形外，社会普遍存在的污名化也是造成他们就业难的因素之一。第四，按比例就业实施状况差强人意，据人大常委会报告显示，按比例就业制度在实践中执行情况很不理想，甚至有的省份仅有不到 5% 的单位符合规定。大量单位拒绝缴纳残疾人就业保障金，而就

---

① "2018 年残疾人事业发展统计公报［残联发（2019）18 号］"，http://www.gzdpf.org.cn/Article/cdpf/20982.html，最后浏览日期 2020 年 4 月 29 日。

② "2013 年度中国残疾人状况及小康进程监测报告"，http://cn.chinagate.cn/reports/2014 - 08/20/content_33291104_9.htm，最后浏览日期 2019 年 12 月 29 日。恩格尔系数是居民食品支出总额占个人消费支出总额的比重，是衡量居民生活质量的重要标准之一，系数越低富裕程度提升，反之则贫困程度愈严重。

③ "2014 年中国残疾人事业发展统计公报［残联发（2015）12 号］"，http://www.cdpf.org.cn/zcwj/zxwj/201503/t20150331_444108.shtml，最后浏览日期 2019 年 4 月 5 日。

④ 赖德胜、廖娟、刘伟："我国残疾人就业及其影响因素分析"，载《中国人民大学学报》2008 年第 1 期。

⑤ 许康定："论残疾人劳动就业权的法律保护"，载《法学评论》2008 年第 3 期。

业保障金又存在严重的滥用、挪用的情况。① 截至2019年年底，残疾人按比例就业人数也仅占到总就业人数的9%，地区状况差异较大，可见残疾人按比例就业的发展仍然面临着较大的挑战。

5.1.2.4 康复状况

康复权是残疾人享有的一项特别的、不可或缺的重要权利。我国《残疾人保障法》第二章确认残疾人享有康复服务的权利，且规定了各级人民政府为保障残疾人康复权利所应承担的责任。2014年中残联发布《关于加快残疾人康复服务发展的指导意见》，集中体现了《公约》有关残疾人康复的先进理念和规定。该指导意见明确提出康复服务以保障残疾人基本权利为出发点，把包容性发展作为残疾人康复服务的原则。2015年7月新的《残疾预防和康复条例（草案）》公开征求意见，并于2017年通过实施。《条例》在残疾人康复权利方面，采纳了权利保障的理念，加入了《公约》规定的社区康复的内容，重点强调政府的保障责任以切实满足残疾人的康复需求，促进社会参与。此外，国务院发布了《关于进一步加强残疾人康复工作的意见》要求将康复医学教育纳入全科医生培训内容，医学院校应设置康复医学课程。国家制定了《康复人才培养规划（2005－2015年）》，2009－2011年组织实施"康复人才培养百千万工程"，即培养百余名残疾人康复专业技术人才与管理骨干，培训数千名在岗的残疾人康复专业技术人员与管理人员，培训数十万名社区康复协调员。国家成立残疾康复技术指导组，负责制定技术标准，统编培训大纲和教材等。② 2019年，中国残联、民政部、国家卫生健康委联合制定了《残疾人社区康复工作标准》，进一步促进残疾人社区康复的发展。

目前残疾人康复服务水平不断提高，覆盖率逐年上升。2013年度，残疾人康复服务覆盖率为58.3%，城镇覆盖率64.8%，农村为56.1%。③ 截至2018年年底，全国共有康复机构9036个，有超过90%的市辖区开展社区康复工作。自2014年开始，国家通过实施一批重点康复工程，使近800万残疾人得到不同程度的康复服务。国家重视精神残疾康复工作，对超过500万重性精神病患者开展综合防治康复。此外，设立了40余家省级自闭症儿童康复训练机构，提高自闭

---

① 参见李建国："全国人民代表大会常务委员会执法检查组关于检查《中华人民共和国残疾人保障法》实施情况的报告—2012年8月27日在第十一届全国人民代表大会常务委员会第二十八次会议上"，http://www.npc.gov.cn/npc/xinwen/2012-08/30/content_1735374.htm，最后浏览日期2019年12月29日。

② 中国《残疾人权利公约》实施情况的初次报告，CRPD/C/CHN/1.

③ "2013年度中国残疾人状况及小康进程监测报告"，http://cn.chinagate.cn/reports/2014-08/20/content_33291104_9.htm，最后浏览日期2019年12月29日。

症儿童的康复水平。① 康复服务是国家为残疾人提供的公共服务项目，国家财政予以了重点保障，2006－2010 年中央财政累计投入资金 15.8 亿元用于开展残疾人康复工作。2018 年，中央财政向地方下达残疾人事业发展补助资金达 31.7 亿元，用于残疾人康复、托养、扶贫、助学等支出。

我国残疾人康复状况存在以下问题，第一，总体而言，残疾人康复水平不高，覆盖率不足。社区康复模式在我国处于起步阶段。社区康复机构未实现全面覆盖，许多残疾人无法在所在的社区就近就便得到康复训练。一些社区康复机构由于专业人员水平不高，无法给残疾人提供有质量的康复服务。第二，早期康复对残疾儿童的发展意义重大，国家缺乏相应的残疾儿童早期康复治疗的扶助政策，导致大量儿童丧失最佳康复时机。② 目前，国家建立了残疾儿童康复救助制度，很多地区把残疾儿童的年龄放宽到 17 岁，使得残疾儿童康复事业得到迅速发展。但是康复救助并未细化救助类别，如自闭症、智力障碍儿童，需要的康复投入更多，他们的特殊服务需求仍然难以得到满足。此外，像一些针对特定类别的残疾儿童康复救助，如 "贫困残疾儿童抢救性康复项目" 受惠人群有限，亟须扩大早期康复项目对残疾儿童的覆盖。第三，康复服务仍需国家加大财政投入。公办康复机构数量有限，难以满足残疾人的康复需求，国家应改善公办康复机构的硬、软件条件，提高对民办非营利康复机构的支持力度。第四，康复服务还存在中小城市以及城乡差异的不平衡的现象。③ 就城乡差异来说，根据问卷调查，农村残疾人较少接受康复训练的原因包括，家庭经济负担、农村康复服务落后等问题。④

5.2 《公约》视角下的我国残疾人权益保障法律制度存在的问题

以《公约》创立的残疾人权益保障法律制度为标准，审视我国的残疾人保

---

① "2014 年中国残疾人事业发展统计公报［残联发（2015）12 号］"，http：//www.cdpf.org.cn/zcwj/zxwj/201503/t20150331_444108.shtml，最后浏览日期 2020 年 4 月 5 日。

② 参见李建国："全国人民代表大会常务委员会执法检查组关于检查《中华人民共和国残疾人保障法》实施情况的报告—2012 年 8 月 27 日在第十一届全国人民代表大会常务委员会第二十八次会议上"，http：//www.npc.gov.cn/npc/xinwen/2012－08/30/content_1735374.htm，最后浏览日期 2019 年 12 月 29 日。

③ "残疾儿童康复服务面临的困难与问题及政策建议"，凤凰网，http：//news.ifeng.com/gundong/detail_2012_03/07/13026031_0.shtml，最后浏览日期 2020 年 2 月 1 日。

④ 严妮："农村残疾儿童生存权和发展权状况值得关注——基于《儿童权利公约》和《残疾人权利公约》的分析"，载《残疾人研究》2012 年第 2 期。

障法律体系，在立法理念、立法内容以及法律实施环节，仍有待发展完善。我国残疾人保障立法采纳了《公约》的一些原则和内容，但依然受到传统的残疾医学模式的影响，特别是原有的一些立法尚未及修订，有的条文内容与目前主流立法理念并不契合。此外，当前立法中，残疾人权利体系尚不完备，义务体系又不甚明确，这是我国残疾人权利保障法律制度面临的一个较为突出的问题。在法律实施方面，《公约》创制了较为完备的实施和监测机制，要求有独立的机构和机制来确保《公约》得以充分实施，这一规定尚有待将来在我国得到全面落实。

5.2.1 立法理念有待提高

如前文所述，《公约》的核心理念是人权模式，即把残疾问题视为一个人权问题。缔约国应采取一切适当的立法、行政等措施尊重、保护、实现残疾人的平等权利。这要求缔约国贯彻反歧视的要求，建立全面的反歧视的残疾人保障制度。《公约》采纳的人权模式，体现保障完整人权的精神，即强调人权的普遍、不可分割、相互依存和相互关联的特性，以促进残疾人的一切人权和基本自由实现为目标。在《公约》制定过程中就出现过对于"完整人权"的争议，发展中国家一般重视保障残疾人的经济、社会和文化权利，而一些发达国家则强调残疾人的公民权利和政治权利。《公约》对"完整人权"的规定，就是要求各国坚守一切人权不可分割的原则，在实践中，不可偏颇或者忽略任何权利内容。

2004年，我国已将"尊重和保护人权"写进了《宪法》，但有关残疾人的规定，仍然局限于获得社会保障、医疗服务等方面，将残疾人视为需要接受帮助、照顾的群体，突出反映了将残疾人视为福利对象而非权利主体的认识。

我国残疾人保障法制，仍然没有脱离医学模式的窠臼。2008年修订后的《残疾人保障法》并没有采纳《公约》对"残疾"和"残疾人"的规定，仍强调残疾人的"功能丧失或不正常"，来提及社会障碍对残疾人的消极影响。另外，新《残疾人保障法》虽然根据《公约》规定将"禁止基于残疾的歧视"写入了法条，但并未同时吸纳《公约》对"基于残疾的歧视"的内涵的论述，导致该规定难以在实践中获得适用。《残疾人保障法》缺乏对个体权利的保护，没有贯彻反歧视的理念，也难以适用于反歧视的司法实践。因此，从性质来看，新《残疾人保障法》并不是一部反歧视立法，具有更多的行政管理法规的色彩。而从《残疾人保障法》内容的规定，可以看出并不符合《公约》完整人权的原则。其他的残疾人保障专门法规也存在同样的问题。在联合国残疾人权利委员会就中国初次履约报告的结论性意见中，委员会认为中国的立法及习惯和做法广泛采用了残疾的医学模式，为此敦促中国采纳《公约》的人权模式的理念。[①]

我国现行法律仍存在许多与《公约》人权理念不符的规定，突出表现在《婚姻法》《母婴保健法》以及《选举法》等包含有剥夺或限制残疾人平等权利的规定，如《母婴保健法》第19条关于"终止妊娠或实施结扎手术"的规定，该手术经本人同意，本人无行为能力时经其监护人同意，即可实施"，与《公约》的规定不一致。另外，现行的《普通高校招生体检工作指导意见》《教师资格认定体检标准》以及《公务员录用体检通用标准》等，也会导致在实践中把一些符合招录标准的残疾人挡在门外的状况，无疑会对残疾人获取平等机遇及融入社会带来消极影响。

5.2.2 权利义务体系有待完善

5.2.2.1 残疾定义有待明确

《公约》在序言中确认残疾是一个演变中的概念，残疾是伤残者和阻碍他们在与其他人平等的基础上充分和切实地参与社会的各种态度和环境障碍相互作用所产生的结果。《公约》对残疾的界定，大致包括三个方面的内容：一是确认残疾的概念不断演化，与社会经济发展变化密切相关；二是伤残是残疾的一个因素，而不是全部原因，区分了损伤与残疾；三是社会的态度与环境障碍也是造成残疾结果的重要因素，它们与残疾人的损伤相互作用导致了残疾人无法平等、充分地参与社会。《公约》第1条对"残疾人"也作出了概括性的描述，指出残疾人包括肢体、精神、智力或感官有长期损伤的人，这些损伤与各种障碍相互作用，可能阻碍残疾人在与他人平等的基础上充分和切实地参与社会。在对"残疾人"的论述中，《公约》仍然强调外界障碍对残疾人平等、参与社会造成的消极后果。

2008年修订后的《残疾人保障法》并没有采纳《公约》的规定加入"残疾"的定义，仍然保留了旧法对"残疾人"的描述，没有进行修订。该法第2条规定，残疾人是指心理、生理、人体结构上，某种组织、功能丧失或者不正常，全部或者部分丧失以正常方式从事某种活动能力的人。残疾人包括视力残疾、听力残疾、言语残疾、肢体残疾、智力残疾、精神残疾、多重残疾和其他残疾的人。这一规定，与《公约》对"残疾"和"残疾人"描述不甚相符，倾向于从医学标准把功能的丧失等同于残疾，把"残疾"与"非残疾"与"正常"和"不正常"对应起来。而根据该法对残疾人的限定性描述，实际上把许多残疾人排除在法律保障之外。

---

① 残疾人权利委员会就中国初次报告通过的结论性意见，CRPD/C/CHN/CO/1。

世界卫生组织的报告显示,残疾人占世界总人口的比例已经达到了15%,有的国家残疾标准更为宽泛,如澳大利亚,其残疾人口的比例为20%。而我国2006年第二次残疾人抽样调查的数据,指出残疾人占全国总人口的6.34%。残疾人权利委员会对中国残疾人比例6.34%的数据提出了质疑,中国回应称受经济发展水平和社会服务水平的限制,内脏器官缺损等情况并未列入残疾标准,残疾人主要是指法律明确规定的6类残疾人。针对现实中许多残疾人不受法律保障的现状,在《残疾人保障法》中根据《公约》的规定,对"残疾"和"残疾人"予以更科学的界定,对保障残疾人的权利至关重要。

5.2.2.2 权利体系有待充实

第一,缺乏对残疾人权利保障"一般原则"的规定。《公约》第3条创新性地列举了8项一般原则,这些一般原则是《公约》人权理念的具体化,包括不歧视、参与社会、无障碍等内容。"一般原则"是立法的纲领,是立法理念的体现,是立法内容的凝练,残疾人立法采纳《公约》"一般原则"的规定,对于贯彻权利理念,以及推行反残疾歧视的实践都有重要的意义。

第二,"禁止基于残疾的歧视"和"合理便利"的规定需要具体细化。我国新《残疾人保障法》采纳了《公约》禁止基于残疾歧视的规定,但并未同时采纳《公约》对"基于残疾的歧视"的内涵的论述,导致实践中难以认定哪些情况属于歧视。《公约》第2条将"禁止基于残障的歧视"规定为三个方面的内容,直接歧视、间接歧视和不提供合理便利。因此,应当根据《公约》第2条对"基于残疾的歧视"的规定,进行具体阐释,使"纸面"上的反歧视走入现实,更好地发挥推动残疾人平等权利的作用。

《公约》第2条对"合理便利"的内涵进行了详细论述,"合理便利"是指根据具体需要,在不造成过度或不当负担的情况下,进行必要和适当的修改和调整,以确保残疾人在与其他人平等的基础上享有或行使一切人权和基本自由。可见,获得"合理便利"是残疾人的一项权利,也是实现其他权利、达到实质平等的必要条件。《公约》将不提供合理便利也视为一种歧视。我国《残疾人保障法》尽管有关于"便利"的规定,但并未对具体含义进行阐释,未将其作为判断歧视的一个标准予以法定化。鉴于"合理便利"在残疾人获得平等机遇方面的重要作用,残疾人立法应将其细化规定,推动残疾人实现实质意义尚的平等。

第三,无障碍的规定不完善。无障碍的环境是残疾人平等参与社会生活的基础,是残疾人最具体、最核心、最直接、最现实的利益。[1]《公约》特别重视无

---

[1] 周志华:"残疾人无障碍通行权实施现状及对策研究——基于成都市的调查",载《广西政法管理干部学院学报》2009年第6期。

障碍的规定，无障碍既是一项"一般原则"，也是一项重要的权利内容。《公约》第 9 条要求缔约国采取适当措施确保实现无障碍的物质环境，重点在学校、住房、医疗场所等实现无障碍。我国《残疾人保障法》第 7 章"无障碍环境"以及《无障碍环境建设条例》是我国建设无障碍环境的主要立法依据。存在的问题突出表现在，一是并未把普通学校作为优先推进无障碍改造的场所；二是对于无障碍信息的规定内容较少，在信息高速化的网络时代，实现信息无障碍对于残疾人意义重大；三是在法律责任部分未明确监督管理机关的职责和处罚。

第四，对个体权利的规定较少。我国残疾人保障法律注重对残疾人群体权利的规定，即在残疾人权利的规定上，主要将残疾人作为一个群体而非个体来对待。而《公约》的权利体系恰恰体现了关注个体权利的原则，如要求保护残疾人的生命权、婚姻家庭权、隐私权等权利。在我国，《残疾人保障法》规定的残疾人的权利更多涉及公法上的权利，对个体权利重视不够。《残疾人保障法》更多强调残疾人的医疗康复、教育、社会保障等依赖国家力量保护的权利。这种做法对个体权利的保护力度不够，导致实践中残疾人通过私法救济的途径来维护自身合法权益的情况比较少。[①]

第五，权利内容不足。《公约》全面涵盖了三代人权的内容，以确保残疾人实现一切人权为宗旨。对比《公约》，我国《残疾人保障法》对残疾人权利内容的规定非常薄弱，在经济、社会、文化权利方面的规定不全面，公民权利和政治权利方面的内容不甚丰富。下文将选取几项重要的权利予以分析。

1. 经济、社会和文化权利

（1）有关融合教育的规定。《公约》第 24 条规定残疾人有接受融合教育（包容性教育）的权利。融合教育是《公约》有关残疾人教育的核心内容，残疾人的教育权利实际就是获得融合教育的权利。

我国与《公约》要求的融合教育制度尚有差距。第一，专门立法《残疾人保障法》及现行《残疾人教育条例》的规定与《公约》要求的融合教育制度存在一定差距，例如，《残疾人保障法》第 25 条规定具有接受普通教育能力的残疾人可以入读普通学校。另外，两部法律规范都缺乏《公约》要求的合理便利等支持措施。有学者指出我国缺乏融合教育的支持系统导致融合教育难以获得发展。[②] 第二，我国教育政策仍把积极建设特殊教育学校作为重要的教育发展目标和考核标准，例如，国家制定实现市（地）和 30 万人口以上、残疾儿童少年较

---

① 王利明、尹飞："残疾人民事权利保障立法之研究"，载王利明等主编：《残疾人法律保障机制研究》，华夏出版社 2008 年版，第 51 – 59 页。

② Michael Ashley Stein, China and Disability Rights, 33 Loy. L. A. Int'l & Comp. L. Rev. 7, (2010 – 2011), p. 22.

多的县（市）都有一所特殊教育学校的目标，2008－2011年安排47亿元在中西部新建、改造1100多所特殊教育学校。2012年启动的特殊教育学校建设工程，到2013年已经投入资金16亿元。2014年《特殊教育提升计划（2014－2016年）》，提出"继续实施特殊教育学校建设项目""支持现有的特殊教育学校扩大招生规模"。推行融合教育，应积极将特殊教育体系中的资源转用于促进主流学校中的融合教育，从而确保更多的残疾儿童可以接受主流教育。[①] 第三，在非义务教育阶段，尤其是高等教育领域，对残疾人的限制仍然存在。《公约》规定，"残疾人能够在不受歧视和与其他人平等的基础上，获得普通高等教育、职业培训、成人教育和终生学习"。现行的《普通高等学校招生体检工作指导意见》，对不宜招收残疾人的以及不宜就读某些专业的规定实际上剥夺了很多残疾学生的入学机会。

（2）有关就业权利的规定。《公约》第27条对残疾人就业权利的规定，强调反歧视和选择自由，要求在有关就业的一切事项上禁止基于残疾的歧视，保障残疾人自由选择或接受工作的权利。第27条要求缔约国采取的措施中，特别强调在公共部门雇用残疾人以及确保在工作场所为残疾人提供合理便利。

我国的残疾人就业权利受宪法和法律的保护。但当前的残疾人就业保障制度也面临一些问题。首先，在本章第一节已经讨论过我国残疾人就业权利的实现状况，可以看出，就业领域是还有努力的空间。尽管我国《残疾人保障法》《残疾人就业条例》等均有禁止在就业中歧视残疾人的规定，但在实践中仍存在难以实施的问题。对于集中就业的问题，残疾人权利委员会对我国盲人按摩机构的做法表示关切，认为这是对职业选择自由的歧视。[②] 其次，对于"合理便利"的法律空白，导致我国残疾人在工作中获得必要的支持和便利没有法律依据。如前所述，合理便利的内涵尚没有界定，当然无法确定法律责任，也就不可能获得实际施行。最后，长期以来，公共部门游离在雇用残疾人的法律义务之外，即使在我国实行按比例就业制度的背景下，公共机构违反残疾人按比例就业规定和拒交残疾人就业保障金的事件时有发生。据2012年公益机构"南京天下公"的《华东残障公务员招录调查报告》显示，2008年至2011年这4年中，18个地级市共招录公务员21 184人，其中残疾公务员8人，所占比例为0.03%。有12个城市，4年来从未招录过1名残疾人。

（3）有关健康权利的规定。《公约》第25条对健康权作出了详细规定，要求缔约国确保残疾人有权享有可达到的最高健康标准，不受基于残疾的歧视。缔约国应当采取一切适当措施，确保残疾人获得考虑到性别因素的医疗卫生服务，

---

① 残疾人权利委员会就中国初次报告通过的结论性意见，CRPD/C/CHN/CO/1，第35－36段。
② 残疾人权利委员会就中国初次报告通过的结论性意见，CRPD/C/CHN/CO/1，第42段。

包括与健康有关的康复服务。缔约国应当向残疾人提供质量相当的免费或费用低廉的医疗保健服务、方案，包括在性健康和生殖健康及全民公共卫生方案方面，要求医护人员，包括在征得残疾人自由表示的知情同意的基础上，向残疾人提供在质量上与其他人所得相同的护理，特别是通过提供培训和颁布公共和私营医疗保健服务职业道德标准，提高对残疾人人权、尊严、自主和需要的认识；防止基于残疾而歧视性地拒绝提供医疗保健或医疗卫生服务，或拒绝提供食物和液体。

建立健全残疾人健康权利保障法律制度是我们应当关注的一个重要问题。首先，立法应当增强对残疾人健康权的保护力度。我国《残疾人保障法》仅有第48条第3款涉及残疾人健康权的内容，要求各级政府对贫困残疾人的基本医疗给予救助。对残疾人健康权的保护主要靠政策推进，如前文提到的《关于促进残疾人事业发展的意见》要求保障残疾人享有基本医疗卫生服务。《关于加快推进残疾人社会保障体系和服务体系建设的指导意见》，要求确保残疾人享有基本的生活保障、医疗保障和康复服务等。其次，我国法律对健康权的界定模糊，健康权的实现不能等同于接受了医疗服务，健康权的实质应当是平等地不受歧视地享用有益于实现最佳身心健康的设施、商品、服务和条件的权利。再次，需要关注残疾人性健康和生殖健康权利。在相关服务、方案方面往往忽略残疾人在性健康和生殖健康方面的需求，将他们排除在相关服务之外。第四，现行法律制度尚未涉及提高医护人员对残疾人人权、尊严、自主和需要等方面认识的规定。综上，在残疾人健康权方面，亟须根据《公约》的规定完善相关立法。

2. 公民权利和政治权利

（1）生命权。生命权是一项根本性的权利，是实现其他权利的基础。《公约》把生命权置于权利体系的首位，《公约》第10条重申人人享有固有的生命权，要求缔约国应当采取一切必要措施，确保残疾人在与其他人平等的基础上切实享有生命权。现实中，残疾人特别是残疾儿童的生命权最易遭到侵害。2010年天津无肛女婴"小希望"因父母放弃治疗而死亡的事件，曾引发为保护残疾儿童生命权能否进行强制医疗的讨论。① 另外，残疾儿童遭受人身侵害的事件也不时出现。通过立法保护残疾人尤其是残疾儿童生命权应尽快提上日程。我国《残疾人保障法》应当根据《公约》的规定明确对残疾人生命权利的保护，完善残疾人权利内容体系，保障残疾人的基本公民权利。立法保障生命权问题由于牵涉其他法律如《中华人民共和国母婴保护法》等规定，还牵涉计划生育的基本

---

① 参见尚晓援：" 残疾儿童生命权保护的个案研究"，载《山东社会科学》2011年第4期，相关报道可见"天津'无肛女婴'事件始末：亲情与生命的纠结"，http://news.enorth.com.cn/system/2010/02/23/004508791.shtml，最后浏览日期2019年12月21日。

国策而稍显复杂，但在我国全面实施《公约》，保障残疾人人权实现的前提下，协调现有法律、政策，进行相应变革是未来需要努力推动的一项工作。

（2）家居和家庭权。《公约》第23条规定了残疾人的家居和家庭权利，要求缔约国采取有效和适当的措施，在涉及婚姻、家庭、生育和个人关系的一切事项中，在与其他人平等的基础上，消除对残疾人的歧视。本项规定是综合性的规定，涉及残疾人的婚姻权、家庭权、生育权、亲子权等方面的内容。

我国《残疾人保障法》没有对残疾人的家居、家庭作出规定，相关内容散落在《中华人民共和国婚姻法》《中华人民共和国母婴保健法》等法律中。然而相关的立法并非是专门保护残疾人权利的立法，甚至有的规定还可能限制了残疾人享有和实现某些权利。《2013年度中国残疾人状况及小康进程监测报告》指出，残疾人婚姻状况需要关注。婚姻对于残疾人而言，不仅直接反映情感生活的丰富程度，也体现获得家庭生活和服务保障的水平。从2007-2013年度的监测结果看，残疾人的在婚率基本维持在63.0%左右，远低于全社会83.1%左右的水平。[1] 第一，残疾人立法应当采纳《公约》的规定，全面保护残疾人的婚姻权、家庭权、生育权、亲子权在内的家居、家庭权利。第二，应当修订与《公约》规定不太相符的法律法规，禁止在家居家庭权利方面对残疾人的歧视，保障残疾人平等的权利。第三，在残疾人的婚姻权利方面，特别保障残疾人的结婚自由，在离婚制度中特别确立保障残疾人利益的原则。[2]

5.2.2.3 法律义务、责任有待细化

没有无义务的权利。在残疾人权利实现方面，政府部门承担着主要的尊重、保护与实现残疾人权利的义务。然而作为专门的残疾人保护立法，我国《残疾人保障法》在赋予残疾人权利之外，对义务主体施加的义务的规定却过于宽泛和笼统，缺乏具体的实施措施。在"法律责任"章节，对于残疾人合法权益受侵害时的申诉部门，法律条款多用"有关部门""有关单位"来指称，实践中往往造成残疾人投诉无门。《公约》是全面规定缔约国责任与义务的人权条约，除专条规定缔约国的一般义务之外，在每项具体权利之下都明确规定国家的义务和应承担的措施。因此，《残疾人保障法》在今后的修订中可以采纳《公约》"一般义务"与"具体义务"相结合的方式，在具体义务部分详尽规定义务主体、措施和目标，使规定具有更强的可执行性。

---

[1] "2013年度中国残疾人状况及小康进程监测报告"，http://cn.chinagate.cn/reports/2014-08/20/content_33291104_9.htm，最后浏览日期2019年12月29日。

[2] 夏吟兰："我国残疾人婚姻家庭权益保障问题研究"，载《法商研究》2006年第6期。

5.2.3 实施机制有待加强

5.2.3.1 缺乏国家实施、监测机制

《公约》明确要求缔约国建立国家实施和监测机制，以确保《公约》在其国内得以有效实施。《公约》第 33 条要求缔约国建立国家实施和监测制度，具体包括：（1）在政府内部指定协调中心，建立协调机制，以便利在不同部门和不同级别采取一致行动。（2）建立独立的机构和机制，负责促进、保护和监测本公约的实施。（3）保证民间社会特别是残疾人及其代表组织充分参与监测进程。本书第 4 章对《公约》的国家实施机制进行过详细论述，下面将简要分析。

在我国，残工委被指认为《公约》的协调机构，而且承担《公约》履约报告撰写工作。残工委由 38 个部委和团体组成，只是一个松散的议事机制，不是独立的机构，不具有行政职能，其具体工作主要由中国残疾人联合会承担。因此从《公约》的规定来看，残工委作为协调机构不太合适。另外，《公约》33 条第 2 款，要求独立的机构应当具有国家人权机构的性质。我国在签署《公约》之前没有独立的人权机构，在《公约》生效后也没有建立这样的独立机构，没有履行《公约》在这方面的要求，对于《公约》的实施无疑是不利的。在促进民间组织参与监测进程方面，当前我国的民间组织特别是残疾人自组织所发挥的作用尚为有限。残疾人权利委员会在结论性意见中写道，中国残疾人联合会依然是中国残疾人的唯一官方代表，委员会对民间社会的参与感到关切。委员会进一步建议，依照《公约》第 33 条第 2 款，按照促进和保护人权的国家机构的地位的有关原则（巴黎原则），设立一个独立的国家监测机制。[①]

此外，全国人大常委会就《残疾人保障法》和《公约》的履行工作进行执法检查。2012 年全国人大常委会执法检查组对《残疾人保障法》的实施情况进行了检查。这是《残疾人保障法》颁布实施 20 多年来，全国人大常委会首次在全国范围内就该法实施情况开展的检查工作。全国政协也承担对残疾人权益保障情况进行执法视察和调研的职能。全国人大内务司法委员会也进行了《残疾人保障法》相关的立法评估工作[②]。

5.2.3.2 缺乏有效的司法救济

无救济则无权利。司法救济是最有效的救济方式。《公约》第 12 条和第 13

[①] 残疾人权利委员会就中国初次报告通过的结论性意见，CRPD/C/CHN/CO/1，第 49－50 段。

[②] "全国人大内务司法委员会正式启动残疾人保障法立法后评估工作"，http://www.cdpf.org.cn/ywzz/wq_188/wqzt/cjrbzflfhpggz/201110/t20111017_421906.shtml，最后浏览日期 2020 年 1 月 9 日。

条规定了残疾人有权在法律面前获得平等承认的权利以及获得司法保护的权利。《公约》要求缔约国承认残疾人的平等法律能力，获得必需的协助，要求缔约国确保残疾人平等获得司法保护，包括通过提供程序便利他们切实参与所有法律诉讼程序。另外，《公约》还要求提高司法领域工作人员对保障残疾人权利的认识。

我国残疾人能获得有效的司法救济的形式不够。其一，尽管《残疾人保障法》是专门保护残疾人权益的法律，但其宣誓性的规定，宽泛的责任条款，以及缺乏相应的司法程序规定，① 难以在实践中适用于司法判决。也就是说，残疾人在《残疾人保障法》保障的权利受到侵害时，也难得到司法救济。第二，在我国，残疾人事业主要靠行政部门推进，也就是行政机关主要承担着保障残疾人权益的职责。长期以来，行政机关往往延续传统的把残疾人事业视为福利事业、慈善事业的观念，较少关注残疾人的维权途径等问题。另一方面，残疾人维权途径集中于向行政机关以及残疾人联合会投诉，较少提起相关的行政诉讼等。第三，残疾人难以享有诉讼便利。在司法实践中，残疾人诉讼权利的行使还面临着诸多现实障碍。目前，尚未有专门面向残疾人提供的诉讼便利机制，例如，针对残疾人的实际困难，有针对性地简化诉讼程序，降低诉讼成本等。另外，司法机关没有实现环境的无障碍，物质环境的障碍，如缺乏无障碍通道、其他设施以及信息环境的障碍，如不能提供其他盲文诉讼文书、提供手语翻译等都给残疾人带来了现实的诉讼困难。第四，法律援助和司法救助的对象范围有限，导致许多实际有诉讼困难的残疾人无法受益等等。第五，司法工作人员对残疾人权利的认识有待提高。残疾人是维权的弱势群体，应当把保障残疾人权利作为一项工作重点，从而实现法律对残疾人的保障从纸面最终落地。

5.3 我国残疾人权益保障法律制度的完善路径

在《公约》创立的残疾人权益保障法律框架下，我国应当采取积极措施，在立法、执法、司法等领域贯彻《公约》的精神和原则，采纳《公约》的内容和机制，不断完善我国的残疾人权益保障制度，最终确保在实践中残疾人的人权得以实现。下文将从三个方面论述完善我国残疾人权益保障法律制度的途径。一是在观念层面，采纳《公约》的人权模式，彻底摒弃医学模式的立法理念和做法，确立人权为本的理念。二是在行政执法层面，改变传统的福利思维，依法行

---

① 谌爱华："我国残疾人权利救济制度的现状与完善对策"，载《南京特教学院学报》2007 年第 1 期。

政，以保障残疾人人权作为行政工作的宗旨，把残疾人事业全面纳入法制轨道中。三是在实践层面，通过立法、司法，以及促进民间组织参与残疾人权益保障事业，开展国家合作等途径，全力促进残疾人权利从"纸上权利"到实践的落实。

5.3.1 从医学模式到人权模式

5.3.1.1 建立反歧视的立法体系

1. 反歧视的理念

如前所述，我国残疾人权利保障领域仍深受残疾的医学模式的影响，贯彻《公约》人权模式的理念不够。例如，立法理念方面，还保留了残疾的医学模式的痕迹，未彻底贯彻反歧视的原则，有些术语表达也不符合现代残疾人立法的要求等。以残疾的人权模式为指导，建立反歧视的残疾人权益保障法律体系需要关注以下几个方面。第一，《宪法》加入反对残疾歧视的条款，确立残疾人的权利主体地位，对涉及残疾人的规定，改变以往的"残废"的表述。其次，专门的残疾人立法和其他法律法规也应秉持人权理念，反对基于残疾的歧视，修订、废止构成歧视残疾人的现行法律、法规和其他规范性法律文件。

残疾人面临的社会考量标准是健全人制定的。反歧视立法试图改变人们对残疾人群体的定见和偏见，虽然承认人在身体和精神上的差异，但反对用这种差异来创建所谓的社会分层。残疾人不能充分参与社会所受到的限制，并不是由残疾人本身的身体或精神缺陷造成的，而是直接由社会的性质和决策造成的。反歧视要求一个消除对残疾人歧视的社会不能仅从福利或者慈善的角度出发对待残疾人，而是承认残疾人基本的权利以消除社会文化对残疾人的标签和轻视。反歧视立法有三个目标，摒除低等人以及其他非理性对待的观念，祛除偏见带来的各种歧视，通过保障融入社会的途径以及独立来寻求公平的平台或平等机遇。[1] 目前，我国可以通过修订《残疾人保障法》使其成为一部反歧视立法或者制定新的反残疾歧视法来全面保障残疾人的权利。

2. 反歧视的内容

针对我国残疾人权利保障法律制度在权利义务体系方面的缺陷，第一，应当根据《公约》规定，修订原有的对"残疾"和"残疾人"的表述，指出社会障碍对残疾人的影响。尽管我国于 2011 年发布了最新的《残疾人残疾分类和分级》，但与世界卫生组织《国际功能、残疾和健康分类》相比，没有区分损伤、

---

[1] Jonathan C. Drimmer, Cripples, Overcomers, and Civil Rights: Tracing the Evolution of Federal Legislation and Social Policy for People with Disabilities, 40 UCLA L. Rev. 1341, 1992 – 1993.

活动受限以及参与限制。在《残疾人保障法》中修订残疾的定义或者在专门的反残疾歧视立法中加入相关规定是较好的选择，德国、澳大利亚等国的反歧视立法都对残疾作出了宽泛的规定。第二，纳入《公约》的一般原则，可以采取《公约》的形式单独列明一般原则，也可以分散规定，但最重要的是，《公约》规定的八项一般原则应当贯穿整部法律，作为基本的指导准则。第三，明确规定歧视行为及其法律责任和救济方式，使其具有实际可操作性，便于残疾人获得法律救济。第四，立法应赋予残疾人全面的权利，强调对残疾人个体权利的保护，如在专门的残疾人法中加入生命权、自由与安全权、婚姻家庭权等内容，强化对融合教育、就业权和健康权的规定等。重点解决我国现行法律体系对残疾人公民权利和政治权利规定薄弱的问题。第五，加强配套立法建设，完善与残疾人相关的法律法规，完善专项行政法规，使其符合《公约》的规定和原则，强化其实际执行效果，对其他相关的法律如民法、刑法等涉及残疾人的规定进行审查，完善相关规定。

5.3.1.2 建设反歧视的社会

人权模式蕴含的反歧视、完整人权的理念不仅应当体现在残疾人立法中，还应适用于整个社会主义法治体系的建立、完善过程中。人权模式不仅适用于立法领域，还应成为重建社会文化的工具，破除传统的对待残疾人的偏见、定见和歧视，建立平等的、包容的、促进人人参与的新型文化。为此，提高人们对残疾和残疾人的认识，普及人权模式和反残疾歧视的观念非常重要。诚如联合国秘书长潘基文所说，提高认识有助于重塑环境，改变态度以及改变整个社会和残疾人本身的行为。

《公约》第 8 条有关"提高认识"的规定要求缔约国采取有效、适当的措施，通过宣传、教育、传媒等手段提高社会对残疾人的认识，促进对残疾人权利和尊严的尊重和对残疾人贡献以及能力的认识，在生活的各个方面消除对残疾人的定见、偏见和有害做法。中国社会科学院发布的《法治蓝皮书（2012）》指出，我国目前尚未在全社会范围内普遍树立起尊重和保护残疾人平等权利的意识，对残疾人的歧视还比较常见。遗憾的是，国家对《公约》及残疾人立法的宣传非常有限，相关知晓度非常低，如国内首次《公约》社会知晓度调查行动显示，超过 4 成的残疾人从未听说过《公约》，另据 2012 年的《残疾人保障法》调查报告，受访残疾人中有超过 1/3 的人还不知道有《残疾人保障法》。[①] 而在已开展的提高认识的活动中，仍然突出对残疾的医治"康复"，或对残疾人的同情，

---

① "《中华人民共和国残疾人保障法》立法后评估的报告，" http：//policy. mofcom. gov. cn/blank/claw! fetch. action? lanmu = gjfg&id = G000157184&industrycode = S09410；Q08720&secondcode = 110006，最后浏览日期 2020 年 1 月 9 日。

怜悯等，无疑也会固化人民对残疾的刻板印象，在提高全社会的认识的活动中，推广这样一种理念，即：残疾人是独立自主的权利持有人。①

人权模式应成为我国推动包括法律制度在内的社会制度改良的手段，成为打破旧的文化桎梏、建设包容的新型文化的推动力，以促进所有人的人权获得保障为目标，建设一个公正的、法治的、体现社会主义制度优越性的社会。

5.3.2 从福利救济到权利保障

《公约》第4条要求缔约国在一切政策和方案中考虑保护和促进残疾人的人权，不实施任何与本公约不符的行为或做法，确保公共当局和机构遵循本公约的规定行事。长期以来，我国残疾人事业主要靠行政手段推进，把残疾人事业纳入社会主义法治轨道的工作起步晚、发展慢。目前，残疾人权益保障最大的难题就是推动残疾人保障事业的"去行政化"，改变过去行政机构单靠行政手段推进残疾人事业的思路和方法，在法制框架下使残疾人事业获得全社会全面支持，最终成就全面发展。

5.3.2.1 转变发展方针

受传统观念的影响，国家对残疾人事业发展的投入重点仍然在福利救济而非权利保障。对残疾人事业，行政机关普遍持有福利观念，即把残疾人作为福利的客体，而非权利的主体，把残疾人事业视为福利事业，而非权利保障事业。因此，我国残疾人事业长期停留在解决残疾人生活困难，给予特殊优惠的层面。近年来，国家加大对残疾人事业的投入，社会保障水平不断提高，残疾人也获得更多机会参与社会，但原有的观念和做法其实导致残疾人政策总在福利救济中徘徊，难以建立起全面的权利保障体系，无法从根本上解决残疾人的问题。中国社科院发布的《法治蓝皮书（2012）》提到，我国的残疾人事业需要从慈善救助或福利保障型向权利保障型转变。应当将残疾人视为权利主体，他们享有固有权利和尊严。残疾人权利不是施舍，而是他们应当享有的。② 转变发展方针，以保障权利的角度推进残疾人权益保障事业的发展是亟须解决的问题。

5.3.2.2 转变工作理念

行政机关保障残疾人权益的工作必须依法进行，残疾人权益保障事业不是"法外之地"，而应是重点依法建设的事业。有法不依，违法不究的问题导致残疾人合法权益不能得到有效保护。现实中，行政机关"懒政""庸政"的做法非

---

① 残疾人权利委员会就中国初次报告通过的结论性意见，CRPD/C/CHN/CO/1，第15-16段。
② 中国残疾人网站，http：//www.chinadp.net.cn/news_/focus/2012-02/20-9069.html，最后浏览日期2020年1月9日。

常普遍，导致"法律不如红头文件"的现象层出不穷，例如，2014年我国首次允许盲人参加普通高考，就是靠教育部下发相关通知直接推动的，尽管早在二十几年前《残疾人保障法》就有相关的规定。从民间组织"教育部通知完胜残疾人保障法"的评价，也能看出在残疾人保障领域，一些部门对残疾人的权益诉求并未高度重视，甚至某些做法损害了法律权威之前媒体披露的诸多事件，涉及残疾人的合法诉求被某些部门以"没有先例"为由拒绝，残疾人权益受侵害投诉难，这些都揭示了不依法行政不仅侵害了残疾人的合法权益，不利于残疾人事业的发展，而且为建设法治社会带来不良影响。

行政机关推进残疾人权益保障事业还应注重对残疾人的"赋能"，把提高残疾人的人力开发与提供平等机遇放到同等重要的地位。把残疾人事业纳入社会发展的主流，尤其在各项发展措施，如扶贫、教育、就业等方面，充分考虑残疾人的需求，确保他们的充分参与。

5.3.3 从纸上权利到现实权利

目前我国已经基本形成了完备的残疾人权益保障法律体系。但是，正如联合国前秘书长科菲·安南在第61届联合国大会致辞所说，残疾人常被作为同情和慈善的对象，他们的权利也仅限于纸上，在现实生活中，他们被剥夺了健全人当然享有的机遇。[①] 我国残疾人权益保障的实施效果令人担忧。许多法律、政策得不到落实，残疾人生存状况、发展状况、参与社会的环境状况都有待提高，残疾人保障法律法规被束之高阁，很少被援引为判决的依据，社会歧视普遍存在，侵害残疾人权利的现象仍时有发生。针对上述问题，我们应积极关注并促进残疾人权益保障制度的实施效果。完善残疾人权益保障制度，确保执行环节的有力有效，加大对不法行为的制裁，提高违法成本。在各个环节加强监督，确保每项法律法规、政策的贯彻落实。提高公众对残疾人权益的尊重意识，营造对残疾人权益保障相关制度自觉遵守的良好氛围。

5.3.3.1 设立专门的《公约》实施机构

如前文所述，我国目前尚没有根据《公约》规定建立独立的人权机构或残疾人平权机构。国内关于设立专门人权机构的呼声一直较高。利用《公约》实施的契机来建立专门的人权机构可以作为未来残疾人权益保障制度完善的一个发展方向。例如，我国香港地区的人权保障机构，平等机会委员会就是为了执行、

---

① Kofi Annan, UN General Assembly, 13 December 2006, Handbook for Parliamentarians on the Convention on the Rights of Persons with Disabilities, available at, http://www.un.org/disabilities/default.asp?id=212.

监测香港地区《残疾歧视条例》而于 1996 年设立的。① 专门的人权机构的职责一是承担监测我国签署的人权条约的实施情况，当然也包括推动《公约》的实施，对外可以处理人权条约的相关事宜，如编写履约报告，参与国际社会相关合作交流事务。有关设立国家人权机构，学术界有很多研究成果，认为独立的人权机构与我国现有的政党制度不存在矛盾，人权机构的主要职能是依照国内批准、加入的国际人权条约，为国内立法工作、行政以及司法机关提供有关人权保障方面的建议和咨询。人权机构的所有活动，包括职责、工作方式、人员等完全依据法律授权，在宪法、法律的机制下进行。② 国家应当以建立网络化的、高效率的专门的人权机构为主，结合非专门的相关机构，在统一部署、协调工作的情况下，组建完善的人权保障机制才能实现国家保障人权的责任。建立专门的国家人权机构在促进人权和发展人权事业中的作用非常重要。

根据联合国人权高专办发布的统计数据，符合《巴黎原则》的国家人权机构达到 80 个，遍布世界各大洲。在亚太地区，以《巴黎原则》标准设立的国家人权机构逐渐增多，包括马来西亚、蒙古、尼泊尔、韩国等 16 个国家人权机构。③ 当前来看，我国成立国家人权机构应当是人权保障责任使然，也是法治建设事业所需，是全体人民所望。

5.3.3.2 确保司法救济有效有力

针对现实中诉讼成本高、程序不便利、法律援助和司法救助有限的情况，应当从以下几个方面着手保障残疾人获得有效的司法救济。第一，完善残疾人保障法律的责任规定，修改缺乏实际可操作性的条文。第二，确认残疾人法律面前平等的主体地位以及平等的法律能力。第三，为残疾人提供充分的诉讼便利，简化诉讼程序等。司法机关建设无障碍的环境，为残疾人提供可利用的设施及信息服务，如提供盲文法律文书和手语翻译等。第四，扩大接受法律援助和司法救助的受惠残疾人群体，解决他们的实际诉讼困难。第五，为司法机关工作人员提供培训，提高他们尊重和维护残疾人权利的认识以及便利残疾人诉讼的意识。

5.3.3.3 保障民间组织的参与

确保民间组织的充分参与是《公约》的一项重要内容。根据《公约》规定，民间组织的参与，既包括参与与其相关的任何法律、政策、方案的制定和实施过程，也包括参与《公约》监测过程。《公约》第 4 条第 3 款以及第 33 条第 3 款都

---

① 香港平等权利机会委员会网站，http://www.eoc.org.hk/eoc/GraphicsFolder/default.aspx，最后浏览日期 2020 年 4 月 10 日。
② 张伟：“中国学术界对国家人权机构问题的研究”，载《人权》2013 年第 3 期。
③ 齐延平：“国家的人权保障责任与国家人权机构的建立”，载《法制与社会发展》2005 年第 3 期。

明确规定了缔约国有义务确保残疾人充分参与涉及《公约》实施的立法、政策的决策过程以及《公约》监测的进程。

在我国，对于代表残疾人的民间组织，除了《残疾人保障法》第 8 条关于中国残联会及其地方组织的规定之外，并无其他法律涉及。在残疾人权利委员会的结论性意见中，其强烈建议我国修订《残疾人保障法》第 8 条，允许除中国残疾人联合会之外的民间组织代表残疾人的利益，并参与到监测进程中。① 确保民间组织的参与，首先应从法律层面承认民间组织的合法地位，对其管理、运作等都作出明确的规定。对于残疾人来说，民间组织在维护他们的合法权益以及提供相关服务等方面都能发挥很大的作用，因此政府应有倾斜性的措施保障民间组织的发展。其次，对于残疾人组织、民间组织参与残疾相关决策进程应当制定明确的工作机制，并予以切实履行。最后，加大对民间组织的支持力度，营造宽松的发展环境，为民间组织参与《公约》实施、监测进程提供必要的便利支持。

5.3.3.4　进行国际合作

国际合作是促进《公约》得以实施的重要途径。《公约》第 32 条专门规定了国际合作的内容。我国在签署《公约》后，不断开拓、加强残疾人事务方面的国际合作，吸纳国外先进经验，同时也为许多国际组织顺利在我国开展项目创造有利条件。

开展国际合作是我国积极推行的一项方针，目前尚未反映在规范性法律文件中。2008 年国务院发布的《关于促进残疾人事业发展的意见》，要求积极推进残疾人事业方面的国际交流合作。国务院残疾人工作委员会设立了专门部门来开展和管理残疾人领域的国际合作项目。根据我国递交的初次履约报告，我国与德国在 2005 年、与荷兰政府在 2008 年签署的政府间合作协议，都包含了在残疾领域的合作。② 2014 年 11 月，亚太经合组织（APEC）领导人会议周首次举办了残疾人主题的活动。会议发布了《促进残疾人平等参与和融合发展的联合倡议》，并倡议成立亚太经济体"残疾人事务之友"小组，这些工作为逐步将残疾人事务纳入 APEC 正式议题奠定了基础，为提升各成员国对残疾人问题的关注和进行残疾事务合作有着深远和积极的意义。③ 为提高国际合作在促进残疾人权利实现方面的作用，我国应按照《公约》的要求，与各国、国际组织、区域组织及民间社会开展多方合作，促进和支持国家能力建设、促进相关研究以及技术和经济援助。为此，我国应逐步把残疾事务全面纳入国际合作领域，并考虑将其制度化、法律化。

---

① 残疾人权利委员会就中国初次报告通过的结论性意见，CRPD/C/CHN/CO/1.
② 中国《残疾人权利公约》实施情况的初次报告，CRPD/C/CHN/1，第 147 段。
③ "APEC 会议周残疾人主题活动举办"，载《中国青年报》2014 年 11 月 10 日。

结　语

　　从 2015 年 3 月召开的全国人民代表大会和政治协商会议上，数位代表委员提交有关控制残疾发生率的议案到 2020 年两会关于残疾儿童接受融合教育的议案，两会上与残疾人相关的议案越来越多，且往往引发公众的广泛关注和热议。据卫生部《中国出生缺陷防治报告（2012）》显示，我国近年来每年约 90 万新生儿带有出生缺陷，且出生缺陷发生率呈上升趋势。全国人大教科文卫委员会委员、国家卫计委科学技术研究所所长马旭表示我国目前每年弃婴中，其中 99%是病残儿童。出生缺陷已成为弃婴问题的首要"幕后推手"。这些残疾儿童的命运牵动着许多人的心。有专家呼吁政府应尽快建立完善的残疾儿童救助制度，从源头解决残疾弃婴问题。2015 年两会议案引发的关于残疾儿童的讨论首先表明社会对残疾问题更加重视，但也反映出公众对残疾、残疾人及其权利的认识还存在很大不足。2020 年两会议案关注了残疾儿童的基本权利——受教育权，特别是建议加大力度保障残疾儿童接受融合教育的权利，可以说反映了残疾的"传统模式""医学模式"在向"社会模式"和"权利模式"迈进。但是，目前我国残疾人权利保障状况与国家整体的人权及法治事业相比，尚有一定差距。当前，积极发展残疾人事业，构建完善的残疾人保障制度是国家改革进程中的大课题、大难题。彻底摆脱福利思维，在人权法治框架下开展残疾人权益保障的工作刚刚起步。

　　《公约》是我国积极推动并毫无保留签署的人权条约。《公约》是联合国、各代表国、国际人权组织、残疾人组织近 20 年努力推动，经过 5 年密切磋商出台的全面保障残疾人人权的国际文书，被称为残疾人的"人权宣言"。《公约》秉持人权完整不可分割的理念，确认残疾人平等享有一切人权和基本自由。《公约》是一部关于国家责任的"义务文书"，对国家在确保残疾人实现权利中应承担的责任作出了详尽的规定，为各国提供了一个全面可行的残疾人权益保障法律框架。《公约》是推动残疾人事业发展，也是推动整个社会良性变革的"发展文书"，要求各国把残疾问题纳入社会发展的主流，采取有效措施促进包括消除歧视、提高对残疾和残疾人、对权利和尊严尊重等意识的提高，建设文明的、包容的社会文化，民主的、法治的社会制度。有关《公约》的研究在一些法治发达国家非常充分，更有许多知名法学专家、人权活动家鼎力推动《公约》的签署、实施。如今,《公约》在我国生效已近 12 个年头,不仅普通公众对《公约》知之甚少,残疾人群体不知《公约》为何物也大有人在。对我国现行残疾人权益保障法律体系的审查和对残疾人各方面的权利实现状况评估,都说明《公约》在我国的实施尚有一定欠缺。残疾人权益保障法律制度在理念、内容等方面与《公约》存在差距,甚至有些法律法规与《公约》规定是背道而驰的,而且我国尚未遵守《公约》的规定建立独立的《公约》实施、监测机制。民间组织特别是残疾人组织对相关进程的参与非常有限。公众对残疾和残疾人权利的尊重不足,社会中普遍存在阻碍残疾人参与和发展的种种障碍。根据《公约》框架来完善我国的残疾人权益保障法律制度是一项系统性的复杂的工程,需要长期的持续的努力才能获得成效。

2015 年 9 月,第八届北京人权论坛召开,习近平主席强调,实现人民充分享有人权是人类社会的共同奋斗目标,人权保障没有最好,只有更好。[①] 2017 年 11 月,在北京召开 2013－2022 年亚太残疾人十年中期审查高级别政府会议,习近平主席又指出促进残疾人全面发展和共同富裕,残疾人"一个也不能少"。实现中华民族伟大复兴的中国梦,是发展梦,是富裕梦,是正义梦,是人权梦。中国梦的终极价值就是在更高水平上保障中国人的人权。[②]

[①] "人权保障没有最好只有更好",http：//news.sina.com.cn/o/2015 - 09 - 17/doc - ifxhxzxp4489454.shtml,最后浏览日期 2020 年 4 月 18 日。

[②] "人权保障没有最好只有更好",http：//news.cnwest.com/content/2015 - 09/17/content_13151062.htm,最后浏览日期 2020 年 4 月 18 日。

参考文献

中文著作：

[1] 陈新民. 残疾人权益保障——国际立法与实践 [M]. 北京：华夏出版社，2003.

[2] 程燎原、王人博. 权利及其救济 [M]. 济南：山东人民出版社，1998.

[3] 程晓霞. 国际法 [M]. 北京：中国人民大学出版社，1999.

[4] 邓猛. 融合教育与随班就读：理想与现实之间 [M]. 武汉：华中师范大学出版社，2009.

[5] 傅志军. 残疾人权利保障法律制度研究 [M]. 北京：华夏出版社，2014.

[6] 黎建飞. 残障人法教程 [M]. 北京：中国人民大学出版社，2016.

[7] 刘翠霄. 各国残疾人权利保障比较研究 [M]. 北京：中国社会科学出版社，1994.

[8] 刘杰. 人权与国家主权 [M]. 上海：上海人民出版社，2004.

[9] 刘楠来. 发展中国家与人权 [M]. 成都：四川人民出版社，1994.

[10] 罗玉中，万其刚，刘松山. 人权与法制 [M]. 北京：北京大学出版社，2001.

[11] 马福娟. 特殊教育史 [M]. 上海：华东师范大学出版社，2000.

[12] 马洪路. 中国残疾人社会福利 [M]. 北京：中国社会出版社，2002.

[13] 莫纪宏. 国际人权公约与中国 [M]. 北京：北京法律出版社，2005.

[14] 齐延平. 社会弱势群体的权利保护 [M]. 济南：山东人民出版社，2006.

[15] 尚珂，梁土坤. 新形势下的中国残疾人就业问题研究 [M]. 北京：中国劳动社会保障出版社，2011.

[16] 谭世贵. 国际人权公约与中国法制建设 [M]. 武汉：武汉大学出版社，2007.

[17] 王利明等编. 残疾人法律保障机制研究 [M]. 北京：华夏出版社，2008.

[18] 王治江. 反残疾人就业歧视法律制度研究 [M]. 北京：华夏出版

社，2014..

［19］信春鹰．中华人民共和国残疾人保障法释义［M］．北京：法律出版社，2008.

［20］信春鹰．中华人民共和国精神卫生法释义［M］．北京：法律出版社，2012.

［21］徐显明．国际人权法［M］．北京：法律出版社，2004.

［22］徐显明．人权研究（第3卷）［M］．济南：山东人民出版社，2003.

［23］阎青春．社会福利与弱势群体［M］．北京：中国社会科学出版社，2002.

［24］杨成铭．人权法学［M］．北京：中国方正出版社，2004.

［25］杨立雄，兰花．中国残疾人社会保障制度［M］．北京：人民出版社，2011.

［26］杨宇冠．人权法：公民权利和政治权利国际公约研究［M］．北京：中国人民公安大学出版牡，2004.

［27］张琪，吴江．中国残疾人就业与保障问题研究［M］．北京：中国劳动社会保障出版社，2004.

［28］朱锋．人权与国际关系［M］．北京：北京大学出版社，2000.

中文译著：

［1］［爱］拉德·奎因（GerardQuinn）等编．《残疾人权利公约》研究：海外视角（2014）［M］．陈博等译，北京：人民出版社，2015.

［2］［德］维尔特劳特·图斯特、彼德·特伦克－欣特贝格尔．残疾人法——对实践和研究的系统论述［M］．刘翠霄译，北京：法律出版社，1999.

［3］［美］约翰·罗尔斯．正义论［M］．何怀宏等译，北京：中国社会科学出版社，2009.

［4］［美］约翰·罗尔斯．政治自由主义［M］．万俊人译，南京：译林出版社，2000.

［5］［美］罗纳德·德沃金．认真对待权利［M］．信春鹰，吴玉章译，北京：中国大百科全书出版社，1998.

［6］［美］罗纳德·德沃金．至上的美德：平等的理论与实践［M］．冯克利译，南京：江苏人民出版社，2003.

［7］［美］杰克·唐纳利．普遍人权的理论与实践［M］．王浦劬译，北京：中国社会科学出版社，2001.

［8］［美］玛莎·努斯鲍姆．正义的界限：残障、全球正义与动物正义［M］．徐子婷等译，台北：韦伯文化国际出版有限公司，2008.

［9］［挪］A. 艾德等. 经济、社会和文化权利教程［M］. 中国人权研究会翻译, 成都: 四川人民出版社, 2004.

［10］［英］A. J. M. 米尔恩. 人的权利与人的多样性——人权哲学［M］. 夏勇、张志铭译, 北京: 中国大百科全书出版社, 1995.

［11］［英］哈特. 法律的概念［M］. 张文显等译, 北京: 中国大百科全书出版社, 1996.

中文期刊论文:

［1］陈瑶, 周实. 民间力量与权力监督［J］. 东北大学学报（社会科学版）, 2003 (3).

［2］谌爱华. 我国残疾人权利救济制度的现状与完善对策［J］. 南京特教学院学报, 2007 (1).

［3］程晓霞. 国际人权条约缔约国义务与实施机制［J］. 法学家, 2001 (3).

［4］崔凤鸣. 美国《残疾人教育法》与残疾人高等教育［J］. 比较教育研究, 2006 (10).

［5］崔凤鸣. 推动残疾人融合教育的几个关键问题［J］. 教育发展研究, 2010 (6).

［6］戴瑞君. 论联合国人权条约监督机制的改革［J］. 法学杂志, 2009 (3).

［7］丁相顺. 《残疾人权利公约》与中国残疾人融合教育的发展——《残疾人教育条例》解读［J］. 中国特殊教育, 2017 (6).

［8］段小蕾. 中国积极履行《残疾人权利公约》［J］. 人权, 2011 (4).

［9］高其才. 法治国家下的少数人的特别权利［J］. 政法论丛, 2007 (4).

［10］何志鹏. 从《残疾人权利公约》反思国际人权机制［J］. 北方法学, 2008 (5).

［11］蒋新苗, 李赞, 李娟. 弱势群体权利保护国际立法初探［J］. 史学月刊, 2003 (8).

［12］赖德胜, 廖娟, 刘伟. 我国残疾人就业及其影响因素分析［J］. 中国人民大学学报, 2008 (1).

［13］黎建飞. 残疾人权益保障法制建设的几个问题［J］. 中国发展观察, 2010 (7).

［14］黎建飞. 中国残疾人社会保障法制建设的现状、问题与发展［J］. 河南政法管理干部学院学报, 2007 (3).

［15］黎建飞. 《残疾人权利公约》的背景回顾与再解读［J］. 人权, 2018

（3）.

［16］李敬.《残疾人权利公约》：诞生、解读及中国贡献［J］. 残疾人研究，2019（3）.

［17］李敬，高媛.《残疾人权利公约》国家实施和监测机制初探［J］. 国际法研究，2014（4）.

［18］李薇薇. 论国际人权法中的平等与不歧视［J］. 环球法律评论，2004（夏）.

［19］李忠. 人的存在方式的根本性与多样性［J］. 重庆三峡学院学报，2003（1）.

［20］廖艳. 残疾人受教育权保障的国际标准与中国实践［J］. 西部法学评论，2013（4）.

［21］刘海年. 国际人权公约视角下的残疾人保障［J］. 环球法律评论，2009（6）.

［22］刘佳佳."独立生活和融入社区"之我见——多视角解读联合国《残疾人权利公约》第十九条［J］. 人权，2014（1）.

［23］刘旺洪. 关于建立我国宪法审查制度的几个问题［J］. 江苏社会科学，2003（6）.

［24］刘文静.《残疾人权利公约》视角下的中国残疾人权益保障：理念变迁与制度创新［J］. 人权，2015（2）.

［25］刘贤伟."全纳教育"呼唤中国完善特殊教育政策和教育立法［J］. 中国特殊教育，2007（8）.

［26］陆以全. 论国际人权保护实施机制的完善［J］云南大学学报（法学版），2004（5）.

［27］罗国强. 国际法的性质与效力依据——新视角下的再考量［J］. 浙江社会科学，2009（3）.

［28］马玉丽. 论国际人权条约中的个人来文程序［J］. 法学研究，2008（5）.

［29］梅运彬，王国英. 残疾观的演变：欧洲的例证与启示［J］. 兰州学刊，2008（4）.

［30］庞文. 论残疾人受教育权利的法律救济［J］. 中国特殊教育，2012（7）.

［31］彭丽容. 残疾未成年人财产权的法律保护［J］. 河北法学，2009（10）.

［32］彭锡华. 国际人权条约实施的国际监督制度［J］. 西南民族学院学报（哲学社会科学版），2001（10）.

[33] 齐延平. 国家的人权保障责任与国家人权机构的建立 [J]. 法制与社会发展, 2005 (3).

[34] 曲相霏. 《残疾人权利公约》与残疾人权利保障 [J]. 法学, 2013 (8).

[35] 曲相霏. 《残疾人权利公约》与中国的残疾模式转换 [J]. 学习与探索, 2013 (11).

[36] 尚晓援. 残疾儿童生命权保护的个案研究 [J]. 山东社会科学, 2011 (4).

[37] 盛永彬. 残疾人权利及宪章保障 [J]. 湖北经济学院学报（人文社会科学版），2006 (1).

[38] 唐颖侠. 国际法与国内法的关系及国际条约在中国国内法中的适用 [J]. 社会科学战线, 2003 (1).

[39] 陶涛. 残障人问题对罗尔斯正义理论的挑战——兼论纳斯鲍姆之"能力法" [J]. 伦理学研究, 2010 (4).

[40] 汪斌. 试论我国残疾人权利的法律保护 [J]. 法学评论, 1995 (1).

[41] 汪习根. 发展权含义的法哲学分析 [J]. 现代法学, 2004 (6).

[42] 汪习根. 发展权与中国发展法治化的三维研究 [J]. 政治与法律, 2007 (4).

[43] 王贵松：我国优生法制的合宪性调整 [J]. 法商研究, 2011 (2).

[44] 王姣艳. 保障残疾人基本权利的国际行动——解读联合国《残疾人权利公约》[J]. 现代特殊教育, 2007 (2).

[45] 王乃坤. 全面履行《残疾人权利公约》逐步实现残疾人"平等参与共享"崇高目标 [J]. 残疾人研究, 2012 (4).

[46] 温静芳. 关于人权的探究——评《人的权利与人的多样性——人权哲学》[J]. 河北法学, 2007 (4).

[47] 许康定. 论残疾人劳动就业权的法律保护 [J]. 法学评论, 2008 (3).

[48] 徐显明. 世界人权的发展与中国人权的进步 [J]. 中共中央党校学报, 2008 (4).

[49] 严妮. 农村残疾儿童生存权和发展权状况值得关注——基于《儿童权利公约》和《残疾人权利公约》的分析 [J]. 残疾人研究, 2012 (2).

[50] 杨立雄. 中国残疾人福利制度建构模式——从慈善到社会福利 [J]. 中国人民大学学报, 2013 (2).

[51] 杨思斌. 残疾人权利保障的法理分析与机制构建 [J]. 社会保障研究, 2007 (2).

［52］袁兆春、潘培伟．我国残疾人法律体系的现状、问题和完善——以域外法律体系为借鉴［J］．齐鲁学刊，2013（2）．

［53］曾令．联合国人权条约实施机制：现状、问题和加强［J］．江汉论坛，2014（7）．

［54］张爱宁．国际法对残疾人的保护——兼评联合国《残疾人权利公约》［J］．政法论坛，2010（4）．

［55］张爱宁．国际人权保护实施监督机制的新动向［J］．法学，2010（1）．

［56］张伟．关于在中国设立"国家人权机构"的几点思考［J］．中国政法大学学报，2011（6）．

［57］张伟．论儿童最佳利益原则［J］．当代法学，2008（6）．

［58］张伟．中国学术界对国家人权机构问题的研究［J］．人权，2013（3）．

［59］张献．完善国际法国内效力的保障机制［J］．法学论坛，2000（8）．

［60］张欣．导盲犬能否进入都市公共交通工具辩——以盲人的权利与公共利益平衡为视角［J］．武汉交通职业学院学报，2014（6）．

［61］赵明霞．《残疾人权利公约》框架下我国残疾人权利的保护［J］．人权，2018（1）．

［62］郑雄飞．残疾理念发展及"残疾模式"的剖析与整合［J］．新疆社科论坛，2009（1）．

［63］周志华．残疾人无障碍通行权实施现状及对策研究——基于成都市的调查［J］．广西政法管理干部学院学报，2009（6）．

［64］《人权》记者．《残疾人权利公约》通过的前前后后——访中国残疾人联合会张国忠［J］．人权，2007（2）．

外文著作

［1］Charles O'Mahony, Gerard Quinn, *The United Nations Convention on the Rights of Persons with Disabilities: Comparative, Regional and Thematic Perspectives*, Intersentia Ltd, 2014.

［2］Claire H. Liachowitz, *Disability as A Social Construct: Legislative Roots*, Philadelphia: University of Pennsylvania Press, 1988,

［3］Eilionóir Flynn, *From Rhetoric to Action: Implementing the UN Convention on the Rights of Persons with Disabilities*, Cambridge: Cambridge University Press, 2011.

［4］Gauthier de Beco (ed.), *Article 33 of the UN Convention on the Rights of*

Persons with disabilities: Structure for the Implementation and Monitoring of the Convention, Netherland: Martinus Nijhoff Publishers, 2013.

[5] Martha C. Nussbaum, *Women and Human Development: The Capabilities Approaches*, Cambridge : Cambridge University Press, 2000.

[6] Martha C. Nussbaum, *Frontiers of Justice: Disability, Nationality, Species Membership*, Cambridge : Belknap Press of Harvard University Press, 2006.

[7] Michael Oliver, Bob Sapey, *Social Work with Disabled People* 2nd ed, London: Palgrave Macmillan, 1998.

[8] Michael Oliver, *Understanding Disability*, London: Macmillan Press Ltd, 1996.

[9] O. M. Arnardoóttir, G. Quinn, *The United Nations Convention on the Rights of Persons with Disabilities: European and Scandinavian Perspectives*, Netherland: Martinus Nijhoff Publishers, 2009.

[10] Richard K. Scotch. *From Good Will to Civil Rights*, Philadelphia: Temple University Press, 2001.

[11] Ruth O'Brien, *Crippled Justice: The History Of Modern Disability Policy In The Workplace*, Chicago: University of Chicago Press, 2001.

[12] Tom Shakespeare, *Disability Rights and Wrongs*, NewYork: Routledge, 2006.

外文期刊:

[1] A. H. Robertson, *The United Nations Covenant On Civil And Political Rights And The European Convention On Human Rights*, 43 Brit. Y. B. Int'l L. 21 (1968 - 1969).

[2] Aart Hendriks, *Theresia Degener: The Evolution of a European Perspective on Disability Legislation*, 1 Eur. J. Health L. (1994).

[3] Adam M. Samaha, *What Good is The Social Model of Disability*, 74 U. Chi. L. Rev. 1251 (2007).

[4] Amita Dhanda, *Constructing A New Human Rights Lexicon: Convention On The Rights Of Persons With Disabilities*, 8 SUR - Int'l J. Hum Rts. 43 (2008).

[5] Anita Silvers, Michael Ashley Stein, *Disability, Equal Protection And The Supreme Court: Standing At The Crossroads Of Progressive And Retrogressive Logic In Constitutional Classification*, 35 U. Mich. J. L. Reform 81 (2001 - 2002).

[6] Anna Lawson, *The United Nations Convention on The Rights of Persons with Disabilities: New Era or False Dawn?* 34 Syracuse J. Int'l L. & Com. 563

(2006 – 2007).

[7] Arlene S. Kanter, *The Globalization Of Disability Rights Law*, 30 Syracuse J. Int'l L. & Com 241 (2003).

[8] Arlene S. Kanter, *The Promise And Challenge Of The United Nations Convention On The Rights Of Persons With Disabilities*, 34 Syracuse J. Int'l L. & Com. 287 (2006 – 2007).

[9] Arlene S. Kanter, *The United Nations Convention On The Rights Of Persons With Disabilities And Its Implications For The Rights Of Elderly People Under International Law*, 25 Ga. St. U. L. Rev. 527 (2008 – 2009).

[10] Beth Ribett, *Emergent Disability and the Limits of Equality: A Critical Reading of the UN Convention on the Rights of Persons with Disabilities*, 14 Yale Hum. Rts. & Dev. L. J. 155 (2011).

[11] Bonnie P. Tucker, *The Americans With Disabilities Act Of* 1990: *An Overview*, 22 N. M. L. Rev. 13 (1992).

[12] Bret Shaffer, *The Right To Life, The Convention On The Rights Of Persons With Disabilities, And Bortion*, 28 Penn St. Int'l L. Rev. 265 (2009 – 2010).

[13] Cerise Fritsch, *Right To Work? A Comparative Look At China And Japan's Labor Rights For Disabled Persons*, 6 Loy. U. Chi. Int'l L. Rev. 403 (2008 – 2009).

[14] Dinah Shelton, *The Boundaries Of Human Rights Jurisdiction In Europe*, 13 Duke J. Comp. & Int'l L. 95 (2003).

[15] Egon Schwelbt, *The International Convention On The Elimination Of All Forms Of Racial Discrimination*, 15 Int'l & Comp. L. Q. 996 (1966).

[16] Frances Gibson, *"The Convention on the Rights of Persons with Disabilities": The Response of the Clinic*, 16 Int'l J. Clinical Legal Educ. 11 (2011).

[17] Frank C. Newman, *A "Nutshele' Approach To The U. N. Human Rights Law Protecting Minorities*, 19 Fletcher F. World Aff. 5 (1995).

[18] Fredericec Megret, *The Disabilities Convention: Human Rights of Persons with Disabilities or Disability Rights?* 30 Hum. Rts. Q. 494 (2008).

[19] Gerald Quinn, *A Short Guide to The United Nations Convention on The Rights of Persons with Disabilities*, 1 Eur. Y. B. Disability L. 89 (2009).

[20] Gerda A. Kleijkamp, *Comparing the Application and Interpretation of the United States Constitution and the European Convention on Human Rights*, 12 Transnat'l L. & Contemp. Probs. 307 (2002).

[21] Harlan Hahn, *Towarda Politics of Disability: Definitions, Disciplines, and Policies*, 4 Social Science Journal. 53 (1985).

[22] Heiner Bielefeldt, *New Inspiration For The Human Rights Debate: The Convention On The Rights Of Persons With Disabilities*, 25 Neth. Q. Hum. Rts. 397 (2007).

[23] Jacobus tenBroek, *The Right to Live in the World: The Disabled in the Law of Tortst*, 54 Cal. L. Rev. 841 (1966).

[24] Janet E. Lord, Michael Ashley Stein, *The Domestic Incorporation of Human Rights Law and the United Nations Convention on the Rights of Persons with Disabilities*, 83 Wash. L. Rev. 449 (2008).

[25] Janet E. Lord, Michael Ashley Stein, *Social Rights And The Relational Value F The Rights To Participate In Sport, Recreation, And Play*, B. U. Int'l L. J. 249 (2009).

[26] Jiefeng Lu, *Employment Discrimination In China: The Current Situation And Principle Challenges*, 32 Hamline L. Rev. 133 (2009).

[27] Jonathan C. Drimmer, *Cripples, Overcomers, and Civil Rights: Tracing the Evolution of Federal Legislation and Social Policy for People with Disabilities*, 40 UCLA L. Rev. 1341 (1992 – 1993).

[28] Michael A. Stein & Janet E. Lord, *Jacobus tenBroek, Participatory Justice, and the UN Convention on the Rights of Persons with Disabilities*, 13 TEX. J. C. L. & C. R. 167 (2008).

[29] Michael Ashley Stein, Janet E. Lord, *Monitoring the Convention on the Rights of Persons with Disabilities: Innovations, Lost Opportunities, and Future Potential*, 32 Human Rights Quarterly 689 (2010).

[30] Michael Ashley Stein, Penelope J. S. Stein, *Beyond Disability Civil Rights*, 58 Hastings Law Journal. 1203 (2006 – 2007).

[31] Michael Ashley Stein, *A Quick Overview of the United Nations Convention on the Rights of Persons with Disabilities*, 31 Mental & Physical Disability L. Rep. 679. (2007).

[32] Michael Ashley Steint, *Labor Markets, Rationality, and Workers with Disabilities*, 21 Berkeley J. Emp. & Lab. L. 314 (2000).

[33] Miranda Oshige McGowan, *Reconsidering The Americans With Disabilities Act*, 35 Ga. L. Rev. 27 (2000 – 2001).

[34] Peter Blanck, Meera Adya, Maria Veronica Reina, *Defying Double Discrimination*, 8 Geo. J. Int'l Aff. 95 (2007).

[35] Richard K. Scotch, Kay Schriner, *Disability as Human Variation*: *Implications for Policy*, 549ANNALS, AAPSS 148 (1997).

[36] Schartz, H. A., Schartz, K. M., Hendricks, D. J., & Blanck, P, *Workplace Accommodations*: *Empirical study of current employees*, 75, Mississippi Law Journal. 917 (2006).

[37] Stanley S. Herr, *Reforming Disability Nondiscrimination Laws*: *A Comparative Perspective*, 35 U. Mich. J. L. Reform 305 (2001 – 2002).

[38] Theresia Degener, *International Disability Law—A New Legal Subject on The Rise*: *The Interregional Experts' Meeting in HongKong*, December13 – 17, 1999, 18 Berkeley J. Int' l L. 180 (2000).

[39] Tobias Pieter van Reenen, HelIne Combrinck, *The UN Convention On The Rights Of Persons With Disabilities In Africa*: *Progress After 5 Years*, 14 SUR – Int'l J. Hum Rts. 133 (2011).

[40] Wend E. Parmet, *Plain Meaning and Mitigating Measures*: *Judicial Interpretations of the Meaning of Disability*, 21 Berkeley J. Emp&Ladb. L. (2000).

电子文献：

[1] Gerard Quinn, Theresia Degener, Human Rights and Disability: The Current Use and Future Potential of United Nations Human Rights Instruments in the Context of Disability, United Nations 2002, available at, http://www.nuigalway.ie/cdlp/staff/gerard_quinn.html.

[2] Groce, N. E., Adolescents and Youth with Disability: Issues and Challenges, available at, http://siteresources.worldbank.org/EXTLACREGTOPHIVAIDS/Resources/AdolescentsandDisabilityFinal.pdf.

[3] Groce, N. E. HIV/AIDS and People with Disability. The Lancet, 2003, available at, http://globalsurvey.med.yale.edu/lancet.html.

[4] Inclusion International. Hear our voices: A global report – People with an intellectual disability & their families speak out on poverty and exclusion (2006). available at, http://hpod.org/pdf/HearOurVoices.pdf.

[5] Sophie Mitra, Aleksandra Posarac, and Brandon Vick, Disability Poverty in Developing Countries: A snapshot from The World Health, World Bank, 2011, available at, http://siteresources.worldbank.org/SOCIALPROTECTION/Resources/SP – Discussion – papers/Disability – DP/1109.pdf.

[6] Susan J. Peters, Inclusive Education: An EFA Strategy for All Children, World Bank, November 2004, available at, http://siteresources.worldbank.org/

EDUCATION/Resources/278200 – 1099079877269/547664 – 1099079993288/Inclusive Edu_efa_strategy_for_children. pdf.

［7］Women in Canada：A Gender – based Statistical Rreport，available at，http：//www. statcan. gc. ca/pub/89 – 503 – x/89 – 503 – x2005001 – eng. pdf.

［8］Youth with Disabilities，available at，http：//www. un. org/esa/socdev/documents/youth/fact – sheets/youth – with – disabilities. pdf.

学位论文：

［1］杨俐. 残疾人权利研究［D］. 吉林大学（2009）.

［2］余向东. 残疾人社会保障法律制度研究［D］. 安徽大学（2011）.

［3］朱恒顺. 我国残疾人权利保障的理念更新与制度重构［D］. 山东大学（2016）.

主要网站：

［1］残疾人权利委员会网站，http：//www. ohchr. org/CH/HRBodies/CRPD/Pages/CRPDIndex. aspx.

［2］荷兰人权研究中心网站，Netherlands Institute of Human Rights web page，http：//sim. law. uu. nl/sim/Dochome. nsf.

［3］联合国经济与社会事务部网站，United NationsDepartment of Economics and Social Affairs，StatisticsDivision，http：//www. unstats. un. org/unsd/disability/default. asp.

［4］联合国人权高专网站：http：//www. unhchr. ch.